静待花开

吴正涛 著

吉林文史出版社
JILIN WENSHI CHUBANSHE

图书在版编目（ＣＩＰ）数据

静待花开 / 吴正涛著． -- 长春：吉林文史出版社，
2023.1
ISBN 978-7-5472-9028-6

Ⅰ．①静… Ⅱ．①吴… Ⅲ．①教育－文集 Ⅳ.
①G4-53

中国版本图书馆 CIP 数据核字（2022）第 182192 号

静待花开
JING DAI HUA KAI

著　　者：吴正涛
责任编辑：钟　杉
封面设计：四川悟阅文化传播有限公司
出版发行：吉林文史出版社有限责任公司
地　　址：长春市福祉大路 5788 号　　邮编：130117
电　　话：0431-81629357
网　　址：www.jlws.com.cn
印　　刷：成都市兴雅致印务有限责任公司
经　　销：全国新华书店
开　　本：145mm×210mm　1/32
印　　张：8.5
字　　数：206 千字
版　　次：2023 年 1 月第 1 版　2023 年 1 月第 1 次印刷
书　　号：ISBN 978-7-5472-9028-6
定　　价：58.00 元

序：做一名智慧的教育者

我做教师30余年，身边从来不缺少智慧型的老师，正涛就是其中的一位。

正涛的教育智慧源自执着的追求。23年前，他怀揣着一颗热爱教育的赤子之心走上讲台。如今，他已经是高级教师，但仍然坚守在语文教学一线，"每每钻研一篇新的课文，总是先通读十几遍，甚至熟读成诵"；为了最大限度地提高课堂教学效益，他"舍得多花费时间与精力备课"，他精心引导学生自己动手、动脑、动口，主动探究知识的真谛，使学生真正成为学习的主人……正是这种对教育执着的爱与追求，正涛成就了学生，也成就了自己，找到了教育的价值所在，品到了教育的智慧。

正涛的教育智慧源自勤恳的工作。23年如一日，他始终保持着每天早晨七点前到校的习惯，把"迎接学生安全入校、认真收作业、和学生一起晨读"称作"快乐生活三部曲"。他说："我在学校实实在在、勤勤恳恳地工作，每一天都是充实的、快乐的。"这是实话。在与正涛的交往中，埋头苦干是他给我的最深刻的印象。正是受了他的感染，我学会了珍惜时间，学会了科学利用时间。

正涛的教育智慧源自热情的实践。他作为"聊城市优秀班主任""聊城市优秀教师""茌平名师"，坚持贯彻"立德树人"的育人方针，对班级工作始终充满着无限热情。他坚持开展校园"图书漂流"活动，培养学生的阅读、实践能力；他搞"环保有我"

系列活动，践行"绿水青山就是金山银山"的理念，培养学生的社会责任感；他积极倡导"我们的节日"活动，努力对学生进行传统文化渗透……"我要以百倍的热情投入到自己的教育工作中去"，这不是他的豪言壮语，而是他的座右铭。

正涛的教育智慧源自家国情怀。我非常喜欢一句话："山高人为峰。"教师的境界决定学生的境界，决定国家的未来。正涛正是站在民族复兴的高度去做教育，为引领学生践行社会主义核心价值观，他每天拿出几分钟的时间，让学生交流所做的好事；为培养学生的劳动意识和习惯，他让学生学做健康美食等家务；为培养学生的主人翁精神，他让学生参与班级管理……难能可贵的是，这些关系着为国家"培养什么人"的大问题，他能根据中学生的年龄特点和时代特征寓教于乐，润物无声。这是教育的真智慧。

正涛是个朴实的山东汉子，默默耕耘，谦逊、低调。我一再建议他把自己的经验进行总结、整理，他才萌生了出书之意。

正涛说："教育充满着智慧。"这句话很有诗意，也富有哲理。他能够品出教育的智慧是一种境界。

但愿，每一位老师，都能像正涛一样在工作中做一名智慧的教育者。

张重阳

2022年3月1日

目录

CONTENTS

上部

下部

上部

做班主任原来如此美好

> 现从事班主任工作已十多年了，每当回忆起初为班主任的情景，仍激情澎湃。
>
> ——题记

初出茅庐的我，带着兴奋与憧憬回到了自己的母校任教，当年做学生的情景还历历在目，而此时却只有一个念头：初为人师的我要向老一辈学习，要记住自己的责任与使命——学高为师，身正为范。

报到的第一天，昔日的班主任曹老师盛情为我们这批毛头小伙子接风，清晰记得曹老师当日的盛情款待。感动之余，我记得恩师说过一句话：欢迎回到母校大显身手，千里马总会驰骋于教育这方沃土，相信你会干好的。在老师的祝福中，我满怀着豪情与壮志，投入刚开始工作的一切事务中。

面对着自己的第一批弟子，豪情万丈，入学的第一堂课——军训拉开了序幕。班级是要评比的，年轻的我只有一个目标，在十多个班级中一定要拿到前三名，我相信我班的学生不会比任何一个班的学生差。每天口哨声一响，我与教官一同站在训练场地，无形的熏陶大大提高了学生的积极性，"战场父子兵"，我无声的行动不亚于此。夏日的炙热使学生的肤色更加黝黑，操练动作更加规范。功夫不负有心人，在全校100多名教职工、3000多名学生的注目下，我班以昂扬的精神、矫健的步伐、响彻云天的口号博得了头彩。通过这件事我也深刻地理解了：冠军属于一直有准备并洒下汗水的人。

还记得第一年的元旦联欢会，教务处下达通知，各班于元旦前一周做好准备，每班推荐一至两个节目参加全校的元旦会演，届时校委会组成评委，对节目进行现场打分并记入考核。毫无经验的我只能凭借着在大学个人参加活动的底子对学生加以指导。依稀记得，经验丰富的老教师早已与校里的音乐老师——崔老师打好招呼，崔老师对其班级节目进行专门的指导。可自己年轻，况且与崔老师又不是很熟，怎么办？

人的潜力是在很急迫的形势下逼出来的，我到现在还相信这句话。为了我班的节目，我以自己实习的经历写了稿子，名曰：一个实习老师的心愿。找一同毕业的师哥、师姐修稿、润色，最终定稿，让学生参与到实际的彩排中，其中满怀激情的我也像老班主任一样，也请崔老师给予指导。记得当时崔老师正吃午饭，我便委婉地将她请到班级，请其指导。崔老师不厌其烦地从细节入手进行了编导，最终我班小品以其故事的真实性与感人性，夺得了初一年级组第一名的可喜成绩，获得的荣誉对我班学生起到了极大的鼓舞作用。今天写到此处，虽崔老师已调到县实验小学，我仍然要对她说声"谢谢"，正是崔老师"扔下饭碗"的真诚帮助才有了班级的骄人成绩，真诚地说声：谢谢了，崔老师！

年轻气盛的我，在班级管理中可谓不遗余力，当别的班主任老师下班回家之际，我仍坐在办公室内忙碌着。其一是为了个人的教学成绩，其二是为了个人所带的班集体。当时只有一个信念，那就是：刚踏入社会，刚走上工作岗位，决不能把工作搞砸了。能力、经验不足，用勤奋来弥补。久而久之，班级工作崭露头角，在学校的历次活动和综合评比中都折桂，让许多干了多年的老班主任老师很是慨叹与赞扬。当时听到最多的一句话就是：吴老师是块干教育的料。可我自己知道：这都是天道酬勤的结果啊。

班主任工作头三年懵懂无知，在工作中还不知道自己的专业成长问题，此时我要感恩两位老师：一位是已故的陶锡林校长，一位是自己的恩师——曹培庆老师。平日里的茶余饭后与之漫步校园，说得最多的则是一定要多读些书，包括一些教育理论方面的书籍，记下个人的点滴体会。也正是有了"导师"的引领，我每日便将年级组订阅的《班主任之友》《班主任》《中小学管理》等携回单身宿舍中，翻阅摘抄，写体会，现在想来这可是自己受用一辈子的财富啊。寒暑假自己跑到县、市书店买书来读，现在我书架上已陈列着魏书生先生的《班主任工作漫谈》、李镇西先生的《爱心与教育》、张万祥先生的《班主任工作创新艺术100招》、朱永新教授的《中国著名班主任德育思想录》等系列书籍。那时因是单身一人便置身宿舍，捧书奋读，至今想来，自己的许多治班策略乃是这些书籍熏陶的结果。夜深人静之际，自己拿起笔记本，写些随笔、感想之类的零言碎语，正是因为自己不断学习，后来才有自己的习作得以发表。现在想来，恩师的引领真是给了我一笔精神与事业上的财富，现在空闲时间仍读一些教育书籍、刊物，想必是那时植下的阅读的种子在发芽、成长！

在那激情的头三年，最令我兴奋与自豪的是我的第一批学生，他们经过我三年的精心培育都进入了高中的大门。看着昔日的毕业合影，每个学生的名字我仍能脱口而出，每名学生的样子是那样熟悉，毕竟他们是我从教以来的第一批学生啊。多少个日日夜夜，早起到班级门口等待他们入班早读，夜晚按时到宿舍进行夜间检查，又有多少次把违纪的学生带到办公室促膝长谈。初三每次的班会都会有学习状元励志故事的宣讲，一次又一次地鼓舞学生的学习劲头。记得我班多次被宿管科通报批评，原因就是：夜间用手电筒进行学习。可以想象，那时学生的学习劲头是何其高涨。初三一年，王金战老师的学习方法不知被我讲过多少次，更具有传奇色彩的是：王金战老师本人地窖苦学的精神更是成为第一届学生学习的强大精神支柱。课间操跑步行进中的励志口号，早读前的"我一定能成功"的宣言，无不成为我初为班主任的标志性符号。

付出不一定有收获，但不付出一定不会有收获。第三年也就是初三毕业的那年，我班成绩在十多个班级中拔得头筹，所带班级被评为模范班集体，我也光荣地获得了"县模范班主任"的称号。满腔的激情、积极的投入、勤奋的工作、虚心的学习令我在班主任工作中头三年不断地进步、不断地成长。工作是充实的，收获是快乐的，做班主任原来如此美好。

最后谨以"铭"一篇送给初为人师的班主任或将要踏上这一岗位的年轻班主任老师，祝愿我们共同收获幸福、快乐、美好：

班主任铭

年不在高，好学则行。

差生不差，管理则灵。

位卑言轻，以德服人。

学生本天成，班级分得之。

年级冲先锋，教师排头兵。

可以腿嘴勤，献真心。

有奔波之健影，有工作之激情。

西学李镇西，北效魏书生。

吴子云：因材治班。

（此文在《班主任》杂志征文中获一等奖）

音乐——化腐朽为神奇

走马上任

连续几年的初三毕业班管理工作，我总是背负一种无名的责任前行，几年下来，感到一些压力与疲惫，但每当看到那骄人的成绩又会露出欣慰的笑意。"年年岁岁花相似，岁岁年年人不同"。今年开学之初，我便向校长提出不再担任初三毕业班班主任工作，想调整调整身心，担任初一年级的班主任工作。校长却意味深长地说："作为一名老班主任，要勇于挑重担，现在学校正是用人之际，你又是这么受学生欢迎，还是留在初三年级吧。"恭敬不如从命，只好服从了校长的安排。

这届的初三可谓是"豪杰辈出"的一届，虽未与学生谋面，他们的"大名"早已"如雷贯耳"。根据学校的安排，我担任了初三（五）班的班主任，据去年班主任老师讲，这个班级"刺头"不少，还有几位可谓是"风云人物"。我心里也真有些忐忑，但走马上任了，就应该勇敢面对这一切。

开学第一日，我衣着端庄郑重地向全班学生"推销自己"，用自己的各项成绩与历届毕业学生的评价，树起自己的形象自己的威信，显然，这一招起到了预想的效果。班级内出现了"景仰"的神情与宁静，最后，我利用自己所学的英语做鼓舞：If winter comes, can spring be far behind ？ Let us join hands with the memorable and wonderful on the third year.（冬天来了，春天还会远吗？让我们同携手度过难忘而美好的初三一年。）语毕，同学们因没见过这样别致的"见面会"，自发响起了掌声，猛然间我意识到这届学生可塑造。这样我就确立了自己在班级中的"领袖"地位，为下步的班级治理做好了铺垫。

音乐转班纪

面对这样一批学生，如果按部就班，按照常规"出牌"治理班级，我想情况不会乐观。可是用什么样的方法才能收到奇效呢？我通过上网、查看教育书籍等多方寻求治班策略，又与多位班主任老师探讨交流，渐渐地梳理出了治理班级的策略——用音乐来震撼班级、用音乐来感动学生、用音乐走进学生的心灵、用音乐打造我新的班级。

刚接班时间不长，明显感觉到班级纪律混乱，自习课，我去"巡视"，多次听到班级的吵闹声，还夹杂着"嬉笑声"。我回到办公室想：对这早已形成的"习惯"，如何来治理才能"疏导"到全体学生的心里去呢？既然确定靠音乐的神奇来点"石"成"金"，便在百度上搜索能激发班级凝聚力与增强荣誉感的歌曲，于是一首首军营之歌每天清晨便回荡在初三（五）班的教室。渐渐地我发现，那些"顽劣"的孩子都有一颗向优秀班集体靠拢的心，在音乐的感召下辅之"随笔管理日志"的感化，"冰之心"悄然得以融化。任课老师惊喜于这种变化，皆惊叹：吴老师可谓有"化腐朽为神奇之力"！可我知道，都是那一首首催人奋进的军歌鼓舞的战果，不信请听：

团结就是力量，团结就是力量，这力量是铁，这力量是钢，比铁还硬，比钢还强，向着法西斯蒂开火，让一切不民主的制度死亡！向着太阳，向着自由，向着新中国，发出万丈光芒！

这一刻，世界似乎静止了，时光也在这一刻凝结了，折射出璀璨的光芒。这是一种多么空灵而动听的歌声，同学们嗓音虽不甜美，略带沙哑，却是真正地唱出了那种气势磅礴、催人奋进的力量，这股力量，似乎是从学生的胸腔深处由内而外地发散出来的。这种力量，沁透人心，渗透至我们内心深处最柔软的地方。

音乐促潜能

纪律好转，好的局面渐已形成，可是对知识的渴求度还是提高不到一定的认识水平。从各任课老师在办公室内的交谈中也隐隐察觉到，有稳定的纪律还仅是浅层次的管理，如何激发潜能，深层次地激发学生想学、乐学的感知，这是面临的迫切问题。定下心，在音乐的灵魂中寻觅灵感，在办公室与有经验的班主任又多次交流。"山重水复疑无路，柳暗花明又一村"——《最初的梦想》《我相信》《阳光总在风雨后》《隐形的翅膀》《真心英雄》《水手》《读书郎》等，一首首脍炙人口、耳熟能详的励志歌曲呈现在全体学生面前。请听：

小嘛小儿郎，背着那书包上学堂，不怕太阳晒，也不怕那风雨狂，只怕先生骂我懒哪，没有学问嘞，无颜见爹娘，（郎嘞咯郎嘞咯，郎嘞咯郎），没有学问呀，无颜见爹娘……

大课间从操场返回教室，每天接受励志歌曲洗礼是我班学生的必修课。当看到别的班级同学因好奇、羡慕、"凑热闹"频频驻足我班教室门口聆听励志之歌，他们留给我的"神奇"的表情，那"景仰"的眼神让我感觉到，此举定能取得非凡的成效。我盼望着、盼望着，真有一种"望眼欲穿"的感觉，奇迹——我在等待奇迹的出现！在漫长的等待日子里，终于迎来了春天。在一个明朗的清晨，伴随着琅琅读书声，我惊喜地发现，学生的态度端正了，神情专注了，那一双双眼睛投射出来的是求知若渴的眼神啊！课间，讨论问题的多了起来，到办公室求教老师的多了起来，自习课安静投入学习的多了起来……这一切的变化，从所有任课老师的言语中再次得到了印证，学生良好的状态，我也是看在眼里美在心里。音乐让我化"腐朽"为"神奇"，音乐打通了走向学生心灵的通道。

音乐强心理

伴随成绩的上升，学习的投入，我又观察到一些同学又产生了畏惧失败的心理。其实这又是何必呢？召开专题班会做辅导工作收效甚微。我又想到了音乐，贝多芬与生命抗争的不屈精神不就是不惧失败，不惧困难的生动事例吗？于是我带领全班同学观看贝多芬与命运抗争的视频影像，聆听著名乐曲——《命运交响曲》，并确定此曲作为班会专用歌曲，每次召开班会，首先闭目静坐，用心感应交响曲表达的与命运抗争。不屈服于命运、勇于进取、拼搏向上的种子悄然植入学生的心灵。我的担忧与顾虑慢慢消退，一个个"勇士"开始向着困难的"堡垒"发起冲锋，因为我已确信，冲锋的集结号已吹响。

看到班级一天天的变化，喜悦之情开始在我心底滋生，而我的这批可爱的学生，更是用切身的体会流露出自己的幸福。当我将班级变化写成一篇篇自豪的文字时，我想：我真是天下第一幸福的人啊！当然，班级变化带来的喜悦也蔓延到所有任课老师身上，所有老师的积极性也因此空前高涨，这一点是我始料未及的，我真的感到很幸福。在此我想说：音乐可以化腐朽为神奇，有类似困惑的班主任老师，请不妨一试啊！

课题研究带来的神奇

从对班主任工作的懵懂无知，到现在的娴熟沉着，一路走来已十多个年头，抱怨过、付出过、劳累过，但更多的是幸福、成长、收获。在班主任成长的幸福路上，李镇西老师的爱心教育、魏书生先生的班级民主化管理、"书生校长"程红兵的文化管理等，各位名家以不同的教育管理方式引领我不断成长，我的思想也在汲取中不断地沉淀、更新并创造着自己的小体系。著名教育学者朱永新先生的"追求理想，超越自我"的新教育精神让我有了自己的教育梦，自己的班主任工作现在进行得可谓是有滋有味，有声有色。

感受最深的则是——近年来引领我把班级工作推向深入的"班级文化与构建和谐师生关系的课题研究"。当时市教育局、教育科学研究所正在构建"和谐师生关系课题研究"的活动，我校积极与县教研室联系，请专家到我校做报告，重点阐述"构建和谐师生关系课题研究"的意义及价值，从当前国内国际形势出发，给全体老师做了重要讲话，作为班主任的我很受鼓舞，也很受启发，感觉"构建和谐师生关系课题研究"的活动，有利于解决班级管理过程以及教育教学实践过程中存在的师生之间不和谐的音符，能让班主任在班级管理中找到幸福人生的家园、能让学生感受到班级是成长的沃土。我随即决定以我班为课题研究的载体，进行了课题立项的申请工作。不久，课题立项通知书下发到我的手中，我与课题组成员也就是我班的两位任课教师，进行了两年扎实、有效的课题研究，其间多次邀请专家到我校指导课题研究工作，如今"班级文化与构建和谐师生关系的课题研究"已通过市教育科学研究所认证，顺利结题。

构建和谐师生关系课题的研究使我更加清醒地认识到——"专注代表专业，专业代表事业"的内涵。两年来我与课题组成员专注于课题研究，我们着力提高自己的科学文化素养、良好的道德素质和良好的能力素质。通过阅读《爱心与教育》《班主任工作漫谈》《班主任》《班主任之友》《德育报》等相关书刊，并通过博客、主题研讨会等形式进行交流，进行师德、师爱宣传，还聆听了省教育专家亓殿强、张新利等人为课题研究做的重要讲话，我感觉自己的精神面貌焕然一新，班级工作也找到新的思路：一定要民主科学地管理学生，用一颗爱心来尊重每一名学生，与学生共同和谐成长，并身体力行。

课题的研究让我的班级也发生了不小的变化：明亮、整洁的教室，温馨、宁静的氛围，健康、高雅的文化，给师生以奋进向上的力量。墙壁文化更是传递着激励人、赏识人、陶冶人的温馨，多彩多姿的手抄报描绘的师生温情的故事，无不洋溢着班级和谐的主旋律。班级流动图书站的设立，陶冶了性情、散发着书香。教室窗台摆放着学生打理的花草盆景，更为室内空间增添一份生机，形成了"窗台一抹绿"的独特风景。黑板上方每日一写的激励格言，催人奋进、鼓舞斗志。

正是构建和谐师生关系课题的研究，促使我从建立新型的师生关系入手，尊重学生自身的学习体验，打造我班的特色。两年来，我班逐步形成了民主、平等、和谐、合作的课堂文化特色，我尝试着运用自主学习、小组合作学习、研究性学习等学习方式，充分地发挥了学生的主观能动性，培养了班级学生自主学习的能力。师生间的互动增加了，交流频繁了，感情融洽了，课堂也更充满了情趣和活力，成为师生共同享受学习的温馨阵地。

随着课题研究的深入进行，在班级管理中，我也逐渐学习并运用了"随笔管理法"。所谓"随笔管理"就是我用随笔的形式每天来记录学生的言行及表现，将其写在活页本上，活页本用的是A4纸，我将每天的随笔管理活页中统一存放在班级的大书夹内，以便学生翻阅。一学期积累下来形成一本管理文集，每学期我都会给这一本"管理文集"制作精美封皮，整理好，珍藏在我的个人书架上，我还为它起了个美丽的名字：正在成长的梦——我的班级管理。我写随笔坚持一个原则：多写学生的优点，实现用成功激励成功的教育方式，实现师生的共同和谐进步。每天晚自习，我会准时将活页本悬挂在教室固定的地方，让学生进行阅读并感受其中的浓浓爱意。随着"随笔管理法"的成熟与稳定，我越发感到其法的乐趣与有效性，真正达到了寓教于无形之中的目的。学生在不知不觉中养成了良好的学风，态度端正了，行为举止文明了，班级凝聚力增强了，学生在班级中感到了极大的幸福感，感受到了老师对他们的重视与尊重，我也因此体会到了比别的班主任更多的快乐。

今年我班毕业的学生到家来看望我，其乐融融，我们共同为取得的优异成绩高兴，也为有如此和谐的师生关系感到激动。学生流露出的喜悦，也的确让我感动。这就是和谐师生关系课题研究带给我的最大收获和快乐，这就是课题研究带给我的神奇效果。

初尝课题研究的甜蜜，坚定了我在课题研究这条路上坚持走下去的决心。"班级文化与构建和谐师生关系的课题研究"走过了两年的路程，现在虽已结题，但看到参与课题研究的师生脸上常常挂着的笑容，我知道：改变已在悄悄进行，我的管理理念也在悄然发生着变化，我的专业成长也找到了一方美丽的土壤，我与同事、学生的关系也因此变得更加和谐、温馨。

我相信：一路由课题相伴，班级工作将精彩不断。

农村中学生出走引发的思考

农村中学生出走已成为困惑学校、家庭的一个重要问题。他们出走的原因与自身家庭有着密切的联系，学校的教育管理相对滞后，再加上社会不良环境，也导致了他们的出走。他们的出走给家庭带来了极大的精神负担，给学校带来许多不稳定的因素，虽然他们通过家人找寻返回校园，但是他们身上带来的社会上的不良习气，影响着学校的日常管理，中学生出走的问题应该引起我们极大的重视。

以我校为例，我校是一所农村寄宿制中学，远离城镇和闹市区，比较安宁。因为是寄宿制中学，一部分学生配备了手机，正是有了手机，他们开始用手机聊天，结识了社会上的不良少年。今年我校两名女同学，周一给班主任杨老师请假谎称回家治病，离校后直接去见网友，一直到下周一，杨老师与两名学生的爷爷奶奶联系，询问没返校的原因，才得知两名学生根本没回家治病的真相。杨老师及时反映到学校，学校及时做出处理，联系到两名学生在外打工的父母，并让他们及时回家寻找孩子。杨老师在班级又发动同学们和他们的家长帮助寻找，最终在一所网吧内找到了两个孩子，家长当时激动得真是泣不成声。从事发到找到孩子已有10多天，返校后这两名学生的思想与在校学生有了很大的不同，言谈举止多了分"社会的习气"，她们虽然能坐在教室内学习，心态却发生了很大的变化。她们的出走给家庭带来的精神压力是常人难以想象到的，寻找期间，她们的母亲每次见到老师都是以泪洗面，请求学校帮帮他们，同时也给学校带来很大的压力。

举我校的这个例子，是想给社会敲个警钟。我们如果防患于未然，采取相应的措施，学生出走这类的事件是可以防止或减少的。中学生的出走诱因有是很多，也很复杂，根据调查研究，大致有以下几方面：

家庭方面：案例中两名学生的监护人都外出打工，祖父母无形中承担监护人的角色，他们均因年龄较大，失去监管能力，两个孩子放任自流。两个孩子向父母要钱买手机，平时零花钱没限制，又缺乏父母之爱。她们缺乏父母的关爱，走上了聊天交友的"歧途"，以此来寻找感情上的慰藉，以出走告终。案例中透露出农村留守儿童教育的一个大问题，也是家庭教育缺失下中学生教育的一个社会性问题。父母外出打工，孩子缺乏相应的监管，而孩子的自制力较差，加上外因的诱惑，极易出问题，出走是其中的显现问题之一。

抛开案例来讲，家庭关系的不和谐，父母双方出现"暴力"倾向，家庭氛围僵化；还有的家庭亲情冷漠，父母双方互不理睬，家庭氛围压抑、冰冷；严重者，父母离婚，家庭破裂，孩子成为重组家庭的累赘。这些家庭问题，如不能很好地解决，都会导致中学生出走。其实孩子是无辜的，孩子教育上出现的问题大多是社会问题，孩子的出走也会给社会增添不安定因素，所以，作为社会的最小单位——家庭，首先要和睦、温馨，给孩子一个温暖的家。父母是孩子的第一任老师，父母关系好了，家庭温暖了，孩子成长的"土壤"不出现问题，才可以有效地避免中学生出走这一行为。

　　学校方面：中学生的出走与学校的教育管理也有一定的关系。在校期间，有的学生学习成绩一般或者表现不突出，引不起老师的注意，而老师又忽略了他们，他们得不到老师的关爱，长此以往，他们的心理就会发生变化。在班级中，他们得不到同学们的认同，会产生一种被抛弃的感觉，感觉在教室学习与不在教室学习一样，甚至感觉不在教室学习更自由更快乐，老师如果没有做出相应的教育措施，就容易引起他们的出走。

　　另外，中学生正处在青春期，再加上网络、影视的诱惑，以及对异性的好奇，一部分中学生开始对异性产生好感，写"情书"，送礼物，开始"早恋"。这样就可能导致他们学习状态不佳，上课精神不集中，成绩下滑。班主任老师如再缺乏这方面的教育，或者有教育，但方法方式简单粗暴，家长对他们的心理又不了解，挫伤了他们的心理，会让他们感觉在同学中间没"面子"。在这些综合因素的驱使下，他们往往会做出一些"蠢事"来，在学校、家庭不知情的情况下选择出走，影响了自己的学业。

　　这就要求我们学校管理，尤其班主任管理要细致，要平等对待每一名学生，对学生做到一视同仁。尤其是学习成绩较差的学生，班主任更要给予温暖，让他们感受到班集体的温暖，让他们融入大集体中。对出现感情波动的学生，班主任要及时做好心理辅导工作，既要保守好他们的"秘密"，又要指出利害得失，让他们从感情的漩涡中走出来，重新焕发出青春的阳光。

　　社会方面：一些负面文化通过网络大量传播，各类娱乐场所的建立等，无不诱惑着缺乏辨别能力的中学生。还有"读书无用论"的思潮也在农村蔓延，辛辛苦苦考个好大学，到头来不能就业，反而把自己家庭的经济拖垮，也造成一部分学生对学习不感兴趣，一心想着外出打工挣钱，家长对学生的这一想法也不反对，就造成一部分学生走出校门，外出打工挣钱的现象。

还有极个别中学生与社会上的"不良少年"有联系，利用周末"喝酒吃饭"联络感情，搞"哥们义气"。老师劝导反而引起他们的厌烦，不愿听从老师的说教，他们感觉自己已长大成人，有能力处理自己的事情，就这样沾染了很多社会上的不良习气。他们与社会不良青年接触时间长了，"喝酒吃饭"使他们捉襟见肘，可能会出现他们向其他同学勒索钱物的现象。事情败露，为了逃避惩罚，他们往往会离校出走，对于这一情况，家长往往是知情的，但苦于孩子不听从家长的教育而没有办法，这部分中学生走向社会也是社会的一个隐患。

总之，农村中学生出走是多方面原因造成的，既有家庭、学校教育的原因，也有社会"不良风气"的诱因，但作为教育的主体——学校，要承担起相应的责任，在工作中要像教育家李镇西先生一样，捧得一颗爱心来对待每一名学生；要像新教育理论创始者朱永新教授一样，用书籍的芬芳陶冶每名学生的心灵；要像"书生校长"程红兵一样，研究分析学校教育的问题，使学生对学校感到可亲可爱，使学生感到学校的美好，不愿离开学校这个美丽的家园。

[2012年6月，此文获山东省中小学教育科研成果（论文）一等奖，2012年6月]

课间活动——我们的乐土

年级组管理侧记（上篇）

【现状】

自从推行素质教育以来，在市教育局的统一要求下，我校上午、下午两节课后，各有半小时的课间活动时间。我校作为乡镇中学，大部分的情况是学生先到操场进行1000米的跑操，然后自由活动。这时学生大多处于无目的、自由、散漫的状态，甚至出现打架等情况。

【问题】

面对此种情况，我作为年级管理者又怎会不对这段宝贵的黄金时间该如何利用进行思考呢？如何在这宝贵的时间中让学生的活动由无序转为有序呢？如何充分进行安排、调动起学生的积极性让学生充分利用好这一黄金时间，都是值得深思的问题。

【解决方案】

我作为年级组的组织管理者，想到这些问题，马上投入到自己的行动中。

首先召开年级组班主任会议，像魏书生先生那样发扬民主、科学的管理策略，协商共同解决这一问题。有了班主任的参与和帮助，年级组的政策执行起来也就有了力度，也更加顺畅。前期工作做好了，然后就是执行。

年级组规定，第二节下课铃响后，各班先到指定位置集合，进行班级风采亮相，年级组则进行班级评比。评比内容包括：各班的班级风貌、精神状态和队列状况，派专管人员进行统一量化到班级评比分数中。这是第一步。

第二步，为了鼓舞各班师生，扫除低沉、无力的精神面貌，年级组要求各班利用这一时间进行唱革命歌曲展示，每班确定一首革命歌曲为班歌，来凝聚班级的力量，鼓舞班级的士气，激发班级的活力。考虑到班级较多，分两组进行展示，利用上下午课间活动全部展示完毕。这一环节重点是提升班级的精、气、神。每班学生为了展示班级风采，都积极进行准备，投入每次的展示之中，活动取得了很好的效果。现如今只要到课间大活动时间，我们的校园上空必然飘荡着高昂、嘹亮的革命歌曲之声，它是那样催人奋进。

【结果】

通过上面的要求与管理，各班学生的状态及活动展示，由无序变为有序，由单调变为多彩，基本上达到了有形，有序，有精、气、神的良好状态。

年级组管理侧记（下篇）

【现状】

经过上述的整顿，学生基本上呈现有序状态，半小时的课间活动除去13—15分钟的列队、班歌展示、5—7分钟的跑操，还有十多分钟的空闲时间。记得魏书生先生说过，要利用好"三闲"时间，这难道不是一个空闲时间吗？而且，这十分钟的时间，还有学生四处游荡，时间虽然较短暂却极易发生事故。针对这种现象，结合学生学习的实际情况，尤其是学生数学成绩较差的现状，我们要想办法。

【问题】

为减少意外事故，充分利用好三闲时间，同时为了激发学生学习的动力、学习的兴趣、提高学生数学的实际学业水平，何不每日进行一次全年级的数学大比武呢？利用大比武来督促学生的学习，引起学生的重视，激发学生成功的欲望，年级组根据学生做题的情况，将学生的成绩相应加入班级量化评比中，然后以班级为单位，每周及时进行表彰，这样不就很好地解决这一难题了吗。

【解决方案】

有了上述想法，平级组及时与班主任和数学老师进行协商，老师们都认为可以进行尝试。在跑操完毕后，学生们到指定的位置集合进行唱革命歌曲展示，然后数学科老师将移动小黑板摆放到学生队列前的主席台上。这时就随机抽取各班相同等级的一名学生代表本班级到主席台进行数学大比武，比武用的试题以基础题为主，时间一般控制在5—7分钟，每次比赛完毕当场宣布结果，获得前三名的班集体有班级奖励。获得荣誉的班级在热烈的欢呼声与鼓掌声中接受荣誉，这一切足以激发每名学生奋然前行，而每次取得前三名的学生更因自己为班级争得荣誉而兴奋不已。不用再多的话语，学生真诚的掌声，足以让他们投入再投入。

【结果】

正是因为有了这一补充，课间活动才更充实，才更有序。学生的精气神充盈着勃勃生机。数学大比武的适时开展，更是激起了学生学习数学的信心与兴趣，学生在数学课上更投入了，态度更端正了，兴趣更高涨了。事实证明这一举措是正确的，学期末在县级统考中我校的数学成绩更是取得了可喜的进步，令参与的各位数学老师和班主任老师倍感欣慰，真可谓是：一分付出一分收获。

【结语】

记得我看过程红兵校长写的《做一个书生校长》，里面有句话："把平凡的教学管理行为做得出色，把出色的教学管理行为变成日以贯之的常态化。"亚里士多德说过："我们每个人都是由自己一再重复的行为所铸造的，因为优秀不是一种行为，而是一种习惯。"昌乐二中的标语："将规范修炼成一种习惯，将认真内化为一种性格。"这一切无不启迪着我们日常的教学管理要认真、要扎实，把一以贯之的常态化管理变成优秀的习惯。年级组系列活动的开展，正是加强班集体规范化、教学优秀化的常态工作，它必将推动年级组、学校向更高层次发展与迈进，课间活动必定成为我们的一方乐土，学生也必会在这方乐土上茁壮、幸福、快乐地成长。

"五个一工程" 打造精彩人生

如今，教师工作任务重、压力大，严重影响到教师自身的阅读。一部分老师逐渐放弃了高尚的精神追求，荒芜了自己的精神家园，阅读正渐渐远离我们的生活。一些教师不能以深厚的人文素养去感染和激励学生；而学生的知识底蕴也在日渐贫乏。为此聊城市教体局开展了创建"语文五个一工程"的活动，这是从实际出发做出的一种决策，也是教育发展的必然趋势。市教体局提出创建"五个一工程"就是要把学校打造成一个能激励师生共同读书的学习型组织，使人们在这个组织中被浸染、熏陶，形成终身读书的意识和习惯，使我们的校园沐浴在读书的阳光之中。

一、环境——"五个一工程"的外显

开展"五个一工程"，首先就是要营造一种适宜读书学习的环境氛围。从室内到室外，从走廊的橱窗、装饰到墙壁上的板报、标语，到处都要透出语文的底蕴，整个校园都应该散发出一种宁静、幽雅的学府气息。为此我校在教学楼、教室外墙壁上张贴标语、悬挂宣传牌，在校园墙壁、宣传窗张贴宣传标语、名人名言等，营造各班的教室内读书环境、教师办公室读书环境。各班级建立班级图书角，鼓励学生把自己的课外书带到班级的图书角，以便同学之间交换阅读。营造出一种浓郁的读书氛围，让学生明白读书的益处。更重要的是内在的氛围，要营造一种多元的、开放的人文环境，提倡鼓励各种兴趣爱好的发展，允许张扬个性，不仅鼓励学生，也鼓励老师，学校要营造相互支持、接纳和谐的人际环境。我校加强了图书馆、阅览室的建设，语文老师开展了一系列读书讲座活动。随着"五个一工程"的开展，我们正逐步地利用好网络，开辟网上读书论坛、读书博客、教师个人博客，逐步形成一个崇尚读书，人人都爱读书的"五个一工程"氛围。

二、阅读——"五个一工程"的主线

朱永新说："一个人的阅读史就是一个人的精神发展史。"阅读在人们的生活中具有不可替代、不可动摇的地位，没有阅读，生活就会缺少一种对话的语境，缺少阅读的人会产生孤独与寂寞，从而无法在瞬息万变的信息社会中立足，因此阅读应该成为教师内在的强烈需求。

所谓"开卷有益"，我们要"读书破万卷"，我们应通过摘抄阅读中的语句，做旁批，写随笔，进行自我教育，逐步体会到阅读是接受人类文明的成果，继承精神领域的遗产，从而使自己"站在巨人的肩膀上"。我们还要培养学生的读书兴趣，逐步增加学生的读书量，扩展学生的知识面，并且培养学生的分析、概括能力。

记得我看过钱钟书夫人杨绛写的一段文字，说她整理钱先生笔记，统计了一下，英、法、德文读书笔记共计178册，三万四千多页，中文读书笔记也大体相当。日札，也就是随笔、随想之类，23册。这些都不包括已经发表了的。这位老先生可谓学界泰斗，学贯古今，精通中外，睿智超凡，可他也在一笔一画地做笔记。反过来看，他又读了多少书呢。为此我们引领学生走进了阅览室。在阅览室内学生能充分自主阅读，学生的思维会变得敏捷。在学生的阅读问卷调查中，呼声最高的就是让他们自由阅读。因为自由的阅读是个性化的阅读，最能让学生在书香氤氲之中得到熏陶，迸发出思维的火花。

另外，学生阅读的发展水平，很大程度还要受外在环境、促读环节、激励机制等外部条件的制约。学校方面，教师的布置和检查是必不可少的促读环节。人都是有惰性的，语文阅读课有没有要求，结果会大不一样，要求高低、要求是否明确，结果也大不一样。在语文阅读课实践中，我们制定并不断修正阅读效果评价，使其落在实处。同时，我们借助读书讨论会、读书报告会为学生提供表现的机会，对乐于读书、勤于读书、读有成效的学生给予鼓励，及时表扬，在学校的宣传栏张贴"阅读之星"。这些激励机制是一种强大的推动力，促使学生与书为伴，以书为友。

最是书香能致远，腹有诗书气自华。作为教师，理应是孩子阅读的引路人，我们深知，开卷有益，而择卷更有益。所以，阅读，应从教师开始，从广泛的阅读中汲取营养，再通过教学去感染学生、指引学生，让阅读成为师生生命的重要组成部分。

三、写作——"五个一工程"的灵魂

学习语文的主要目的是培养学生的听、说、读、写等方面的能力。学生在阅读的过程中获取知识或感受，然后几个人进行交流，并撰写属于自己的心灵成长日志。教师和学生与知识为友、与大师为友、与真理为友，填实自己比天空更广阔的心灵。这样一来，在"阳光读写工程"的推动下，学生的这四个方面的能力又可以得到很大的提高。

教师应注重培养学生勤摘抄、勤做读书笔记的习惯。摘抄是阅读积累的一种有效方法，持之以恒地做好这个工作，会使学生拓宽知识面，提高阅读的效果。做读书笔记有一点儿难度，但是我们可以帮助学生先从简单的做起，如写批注、心得，写评价等。一定要让学生明确做读书笔记的重要性，因为它可以帮助我们更好地阅读理解文章。

摘抄的积累、点点滴滴的阳光日志，夯实了学生的知识底蕴、丰富了学生的内心世界。我们组织学生写文学评论、小说、诗歌、散文等并推荐到市县刊物上发表，让学生有一种成就感，有一种自豪感。当学生看到自己的作品幻化成铅字被打印出来，那种乐趣是任何事情也比拟不了的。我们通过这种方式为学生的精神打底、为其人生成长奠基。

我们还要引导学生注意观察生活。"生活就如泉源，文章犹如溪水，泉源丰富而不枯竭，溪水自然活泼地流个不竭。"叶老这句哲语，生动地论证了生活与创作的关系。学生只有写他熟悉的生活，才有话可写。所以我们在对学生进行写作指导时要有意识地为学生创造条件，让学生有意识地熟悉、体会生活上的事，学会观察，指导学生写观察日记、叙事日记、心得日记等，这样才是完整的阳光教育。

四、活动——"五个一工程"的助推器

"读万卷书，行万里路。"我们要努力创造条件，积极开展各种读书活动，使学生养成在生活中学习和运用语文的习惯，将语文学习与陶冶灵魂、提高思想、完善人格相结合，从而开拓语文的教育空间。

我校为增强学生的各种实践能力，积极进行读书知识竞赛、作文竞赛、演讲比赛等一系列活动。活动的开展既可以培养学生口头表达的能力，还可以训练学生运用求异思维与求同思维来解决问题的能力。

另外，随着教学改革的深入，"五个一工程"所进行的活动，在语文课中也可以尽情地得到施展。中学语文教学随着课程体制的改革，面临许多亟待解决的新问题。语文课怎么教，正是人们在教改中探索着的一个问题。而"阳光读写工程"所进行的活动如讨论会、辩论会、演说会、故事会、诗歌朗诵、课本剧编演等，完全可以优化为语文课的各种形式。

五、反思——"五个一工程"的生命

回顾走过的路程，"阳光读写工程"已有成功的起步，也还有许多需要改进的地方。比如我们总体教学计划的制订，怎样才体现科学性？教学课时的安排，阅读指导应该占多大的分量？学生一直呼吁的增加阅读课的时间，究竟有没有办法解决？怎样使

阅读与实践更加紧密地结合起来，以实践促阅读？阅读效果的评价，怎样才更有可信度？这一切都有待探索，我们期待着"阳光读写工程"的未来光芒四射。

"五个一工程"是一项奠基性工程，虽然"五个一工程"是一项很艰难的事情，但不管怎样，昨天我们从"阳光教育"中起步，今天我们迎来了"五个一工程"；今天我们在"五个一"中打造精彩人生，明天我们必在"五个一"中圆梦！

（此文获聊城市教研室征文一等奖）

绿色批评

随着社会的进步，科学技术的发展，生活条件的改善，人们更青睐"绿色食品"。那我们是否能把那种顾及学生心灵的幽默批评称为"绿色批评"？

学生犯错误时，他们想得到的是理解和帮助，而不是粗暴的批评和惩罚。他们也正是从错误中吸取教训而健康地成长。学生看起来最不可爱的时候，恰恰是学生最需要爱的时候。

面对经常忘这忘那的学生，今天他又忘带课本，你是他的老师你怎么办？

"嘿！下次再忘了就别怪我不客气了。"这是一种批评方法，慑于我们的威严，下次他很可能会长点儿记性。

"噢，你没带书，我猜是你想尝试一下，看看不看书只听讲能不能把课上的知识记得更牢。好，下了课请把实验的结果告诉我。"

我们的话点到为止，学生知道错了即可。我们的话很幽默，幽默中的智慧会让我们树立更高的威信，以后我们的话还会更有分量。

一位经常迟到的学生又迟到了，怎么办？

"你跑得满头大汗，上气不接下气的，如果今天你参加长跑比赛，成绩一定很好，因为你想走得比别人晚，还想走到别人前面。"

我们幽默的批评绝对是一门艺术，它能避免严厉的批评带来学生的逆反心理，使学生获得情感的滋润，营造一种轻松的教育气氛。

正如老舍先生说的"用幽默的方式指出他人的过错，比直截了当地提出更能为人接受"。

幽默，一定要有一个度。有人提出："心灵环保"的概念，呼唤关注和保护学生幼小稚嫩的心灵，那我们就不妨称那种顾及学生心灵的幽默批评为"绿色批评"吧。

让爱在突发事件中流淌

我的多位同窗好友曾经问我："你做了十多年班主任，感受最深的是什么？"我往往不假思索地说："感受最深的是爱，只有爱的付出，才有爱的收获。"在我治班理念的大旗上就永远高扬着一个大写的"爱"字，我在日常班级管理中也一直贯彻着这一理念。

尤其是处理班级管理中的突发事件，我一直默默告诫自己：

冲动是魔鬼，要时刻爱着这群孩子，用爱心来处理一切事情。突发事件因事先难以预料，班主任不可能有处理它的充分思想准备。为此，我们更应根据事态的发展做出妥善的处理，避免一些不良的教育后果。现就如何妥善处理好班级突发事件谈谈自己的做法，与各位班主任老师分享。

移花接木

班主任老师在处理突发事件时，没有时间对它进行调查，如不进行及时处理又无法平息个别学生的情绪，可采用移花接木法，巧妙地把突发事件转移到另一件事情上去，这时就要充分利用学生的闪光点。

【案例】记得暑假后刚接手一个新班级，我对班级学生还不是很熟悉，周三的一次课间，小凯和明山为了一件小事而动起"武"来。上课铃响了，我还没走到教室就发现这两位同学相互抓着衣服，站在教室门口，等待我评理。我让他们先进教室，可他们俩生怕丢了"面子"，谁也不肯松手。我灵机一动，亲切地对他俩说："你们看我手捧着这么多作业本，谁能帮我把作业拿进教室？"这两位同学你看看我，我看看你，不容分说争着拿作业，由于作业有四十多本，我就让他们一人拿一半，他俩就一起动手，帮我把作业放在讲台上。我这时对全体学生说："刚才这两位同学为了点小事而动起手来，现在为了顾全大局，为了大家上好课，主动帮助我拿作业，我相信这堂课一定能上好，至于有什么问题，课后解决。"后来这两位同学红着脸，到自己的座位安心地坐下听课了。至于问题，下课后他们俩在陪我回办公室的路上，谈笑间就解决了，两人和好如初。这告诉我们：用移花接木的办法，巧妙地把突发事件转移到另一件事情上去，适当地暂缓处理，可以使矛盾双方冷静下来，使问题更易解决。

变退为进

突发事件在班级管理中时有发生，由于学生个性较强，具有强烈的自我意识，有时会提出一个"难题"或"怪题"。遇到这种情况，班主任要发扬包容的仁爱之心，可以不与他针锋相对，不急于解决问题，而是巧妙地把问题抛给全班学生，让学生们思考，让时间慢慢解决问题。

【案例】记得刚接手新的初三（4）班时，我为了让同学们更快地熟悉、认识对方，也是为了锻炼学生的书法，陶冶学生的情操。我在刚组建的班级中提出：班里的每名学生按照学号，每天依次在黑板最上方用楷书书写自己的格言并注明自己的姓名，以方便大家互相认识，也锻炼自己的书法。这时班级中小旭随即站起来说："老师，如果大家都认识我还用写吗？"我根本没考虑到会有这样的问题出现，就先示意他坐下，然后我把问题抛给学生们，说："写在黑板上的格言及名字是对师生的一种展示，以便别人对我们有更好地了解，是自己的另一种推销，至于小旭同学的问题，同学们可以讨论一下。"经过班级讨论，绝大部分学生认为有必要书写，然后通过民主集中、少数服从多数的原则，班级通过了全体同学按学号每天依次在黑板最上方书写自己的格言并注明自己姓名的提议。事后我感觉小旭可能不太情愿，但班级事务是少数服从多数的，他是要接受的。后来，在轮到他书写的当天，我则对他的书写及格言内容有意识地给予表扬，用爱心来滋润他的心灵。不久后他在周记中袒露了心迹，他对那次的"难题"表示了歉意，并说喜欢上了书写，真是皆大欢喜。由此看来，班主任老师适时地退一步，自己先不表态，通过班级的力量来解决突发问题，也不失为一种良策。

降温法

突发事件往往伴随着学生的激情和冲动，如果以强硬的手法进行热处理，就会如同火上浇油一样，不仅不利于问题的解决，还会促使矛盾进一步激化。这时作为班主任老师应暂时把它搁置一下，或者稍做处理，留待以后再从容处理，这样更有利于问题的全面解决。

【案例】记得有一天小丽同学突然找到我，说想辍学去打工，而且意志坚定。我感到很惊讶，因为事前没有任何预兆，她品学兼优，深受各位老师的喜爱，为什么会辍学呢？当时面对态度坚定的她，我知道说再多的话，可能也不起作用，但她辍学实在太可惜了，我随即给她提了一个条件，书籍、被褥先别带回家，她的座位还给她预留着，并说："看在老师教你的情分上，希望你能答应老师这个要求。"她迟疑了一会儿，但最终答应了，但坚称一周后会返校取物品，这时我看到还有希望，随即答应了她。我随后通过调查得知：小丽同学家是单亲，家庭经济状况一直不是很好，虽然有"两免一补"，她也一直在坚持学习，但现在她的母亲突然生病住院，本来家庭经济就拮据更是雪上加霜，加上她母亲又缺乏亲人照顾，从而导致她产生辍学的想法。找到了原因就能对症下药，我及时召开班会，发动学生献爱心，为小丽的母亲进行募捐，自己也身先示范，拿出二百元钱。班级很快筹集到近五百元现金，派班长和团支部书记两人作为班级代表将捐款送到小丽手中，并带去了我及班级全体同学的慰问及祝福，她很是感动。

在当周我又发动年级组的所有老师进行募捐，又筹集到七百多元现金，这次我亲自坐车赶往医院，将捐款送到小丽手中，小丽及她的母亲激动得热泪盈眶。这时我提出让小丽复学的要求，并说全体同学都在等待她的回归，医院护士在一旁也劝她上学，她的母亲边落泪边催促她返校学习。在众多爱心的感化下，她终于又回到温暖的班级之中，最后以优异的成绩初中毕业并升入茌平一中。

这些突发事件在班级管理中无时不在，无时不有，只要我们捧着一颗爱心，具体情况具体分析，并按问题的性质和情节区别对待；只要我们做到合情合理，恰如其分，就能在班级突发事件中让我们的爱尽情流淌，让爱来呵护每一个学生，让爱来滋润每个学生亟待成长的心灵。如同李镇西先生在《爱心与教育》一书所写："一个受孩子衷心爱戴的老师，一定是一位最富有人情味的人。"只有童心能够唤醒爱心，只有爱心能够滋润童心，离开了情感，一切教育都无从谈起。我坚信："爱"在我们处理班级突发事件中会更给力。

长善救失

教育家陶行知先生告诫我们教师："你的鞭子下有瓦特，你的冷眼里有牛顿，你的讥笑中有爱迪生。"根据自己十几年的教学实践，我认为正确认识师生关系，树立正确的学生观，这是一个很重要的问题。不知大家是否赞同我的观点：第一，不能以分数论学生的能力，应相信人人能成才，人人有才。"合格加特长"就是有用之才。第二，教师给予学生的关爱与鼓励越多，学生就越自信，求知欲望就越迫切，反之，关爱与鼓励越少，学生就越自卑，越无求知欲望。可以说，关爱与鼓励能对青少年成长起到举足轻重的作用。

我们班有一学生小胜，看上去很聪明，劳动非常积极，一不怕脏，二不怕累。他父亲外出务工，母亲在家管不住他，这孩子在校打架、惹事是家常便饭。上初中一年级了，小胜的语文作业情况一般是马马虎虎，甚至周末不写作业。母亲拿这孩子真是一筹莫展，怎么办？

我开的妙方是："长善救失。""长善"，就是发扬优点，长处，积极因素，助长好的，美的，善的；"救失"，就是克服困难，纠正缺点，补救过失。

我是怎样长善救失的呢？这孩子好动，厌倦学习。我抓住他热爱劳动，爱好体育活动，嗓子好、声音洪亮等优点，创设情景让其表现。初一下学期，学校举行体操团体表演赛，要求以班级为单位。我们班的体育委员是名女生，负责整队、领操，但她声音比小胜差多了，我就有意让小胜同学来领诵口号，他得到了重用，在班里向老师、同学们承诺："请老师和同学们相信我，我一定完成任务。"果真，他在这次体操表演赛中发挥了特长，他领诵的口号声音洪亮，大家表演整齐，我们初一（3）班获得了年级组二等奖。从此，他得到全班同学的青睐。我立马在班里夸奖他为班集体争了光。事后，他的学习也比原来认真多了，同时打架、闹事的现象也大大减少了。用他自己的话说："过去谁都怕我打他，没有同学理我，更谈不上有人找我玩，现在同学们在学习上帮助我进步，生活上关心我的冷暖，课间活动同学们都与我一起玩。我再不进步，实在是对不起老师和同学们。我一定努力学习，争取更大的进步。"我感觉到，由于老师的关爱和鼓励，这孩子远离了自卑，自信心、自尊心的火苗时时闪烁在他的心头！

　　我们作为教师，面对的是活生生的人，是学生，不管学生的智商如何，先天怎样，都应该平等地对待他们特别是对待残疾学生，更不能另眼相看，而应该竭尽全力给他们关爱，帮助他们树立起正确的人生观。我们要强化服务意识，这里说的服务就是为学生创设一种轻松和谐的学习环境，提供一些优越条件，让其成人、成才。我们班另一名男生叫小森，今年14岁，右眼残疾，父母离异，母子俩只好住在外公家，生活及学习的费用开支都落到了外公的身上。我作为他的班主任，了解到他的不幸，深感同情，多次找他交心谈心，并为他调换座位，照顾他右眼的不便。这孩子很快消除了自卑，情绪逐渐高涨。由于他非常热爱劳动，热心班务工作。下学期班里推选他担任了班里的劳动委员，负责班级的清洁卫生工作。一学期下来，我们班获清洁流动红旗三次，同时他从一个双科不合格，变成了一个双科合格生，期末数学成绩优秀，教师给他发了进步奖，他充分体会到了进步的快乐。

　　全面实施素质教育必须切实转变教师的教育观念，树立正确的学生观，我们在教学中必须做到因材施教，促进学生健康地成长，为学生的终身发展奠定基础，多给学生一点儿关爱和鼓励。

爱生如子

　　我1999年7月毕业于聊城师范学院，从我选择教师这一神圣的职业的那一天起，我就决定做一支"燃烧自己，照亮别人"的蜡烛，在教育这片热土上，奉献自己的青春和才华，去追求高尚的人生理想。

我们学校办学宗旨是"爱生如子，育生成才"。正是有着这样的办学理念，我校才有今天的声誉、规模。我们学校虽然地处乡镇，但生源较广。外乡镇家长也有把孩子送到我校学习的，这是对我们学校的肯定和信任。作为一名普通的教师，在这样一所充满爱心和生机的学校里，我深深地被感染、被激励着。苏霍姆林斯基说"没有爱就没有教育"，我们学校今天的发展规模证明：有了爱就有了教育。在这里我找到了教书育人的金钥匙，那就是：关心爱护学生要像对待自己的儿女，尊重信任学生就像对待自己的客人。

我担任班主任以来，始终和学生们住在一起。每天在熄灯前，我会到学生宿舍里看一看他们有没有做好睡觉的准备，督促学生们洗脚、刷牙、铺被。直到学生们都睡下了，我再到办公室，查阅资料、备课、批改作业。深夜回宿舍休息时，总忘不了看看学生有没有盖好被子。假期里我同其他班主任一样，对学生进行家访，与家长沟通，寻找教育孩子的最佳办法，达成教育孩子的共识。对学生的付出，是受一种教育者的责任感驱使的，正像我们老校长常跟我们讲的，一个学生出了问题，会影响周围好多学生，并且影响孩子一生的发展。教师的工作不是工人制造机器零件，工人出现失误造成生产的零件变成废品，教育出现失误会毁了孩子一辈子。教育无小事，时时处处不能大意。教师多点儿付出，多点辛苦，学生就多点儿受益，多点儿幸福，成长就迅速，未来对国家的贡献就大。踏着春夏秋冬的节拍，在每一个平凡又多情的日子里，我与学校的老师诠释着爱的真谛。

2000年9月我接任2000级3班班主任，这个班从整体上看，不如其他五个平行班，主要原因是凝聚力不行，学生情绪比较低落。我通过观察分析发现，学生好动，班干部能力还可以。年底学校将组织几次活动，纪念"一二·九"运动演讲比赛、冬季越野赛、庆元旦晚会等。我想借这几次活动，培养学生团结进取精神，实施自我锻造工程，推进整体进步。每项活动实行"竞标"的办法，让学生自己"承办"，在活动中得到锻炼。班长、团支部书记、副班长每人承担一项任务，协同学习委员、体育委员、文娱委员分头行动。召开以"我能行"为主题的班会，进行宣传、发动。三个小组都不甘示弱，他们严密组织，积极排练，慎重选拔。经积极准备，三项比赛中我们班均取得理想成绩，演讲比赛获一等奖，越野赛获团体总分第一名，庆元旦晚会上也获得好成绩。活动培养了学生的组织协调能力，增强了班级凝聚力。面对一张张绽放喜悦的笑脸，我因势利导，召开了以"说说心里话，我的未来不是梦"为主题的班会，鼓励学生谈理想，引导学生要齐心协力，团结奋进，为实现理想而努力学习。班级学习气氛浓了，期末，我们班被评为优秀班集体。

在学校期间，我全身心关注着学生的成长。寒假、暑假，我心里总记挂着那些学困生、经济困难的学生，有心理有障碍的学生。每个假期，家访是不可缺少的。2001年暑假，我对班里46名学生一一进行了家访。每次家访我都会收到意想不到的效果。

每个孩子都渴望得到父母和老师的呵护与帮助。我们应该从细微处入手，走进学生心灵，助其成功。小浩同学的父亲因车祸去世，他极其悲痛，吃不进饭，睡不好觉，精神不振。我就跟他同桌吃饭，安慰他、教育他，给他关爱，经济上给予他帮助，精神给予他鼓励，使这个涉世不深的孩子的心灵得到温暖。他的日记里有这样一句话：我的班主任老师就是学校里的父亲，我要像尊敬父亲一样尊敬老师，听老师的话，好好学习。经过努力，他以优异的成绩考入高中。

去年秋天的一个晚上我在查宿舍时，发现小伟同学头痛，呕吐不止，我赶紧背他去医院。路上小伟呕吐在我的上衣、裤子、鞋上，我顾不上擦，到了医院急忙找大夫给他诊治，替他取药，陪他挂输液，等他病情稳定下来，我才感到左腰部痛，可能用力过猛，扭了腰。输液已是下半夜，回校后，安排他睡下，我才休息。第二天早饭后，他的病情复发，我又找了车拉他到医院。小伟的父亲闻讯来到医院，一进病房看到我正在帮小伟穿衣、扣扣子，就上前握着我的手，流下了眼泪，说道："老师，您辛苦了，俺把孩子交给您，俺一百个放心。"医院全面检查后，确定他患的是神经性哮喘，这病经常犯。在之后不到半年的时间里，我多次带他去医院，家长过意不去，提出让小伟转学就读，小伟哭着说："我的老师好，同学好，我舍不得离开。"不久，家长将一封感谢信和一面绣着"爱生如子"的锦旗送到了学校。后来小伟在校报上写了一篇题为《世上还有老师好》的文章。他说："正如每一个同学一样，在我的心目中，妈妈是伟大的、慈祥的。难道老师付出的比母亲少吗？不！老师对我们关心胜于母亲，给我们的教育成材的影响更胜于母亲。我想大声说，世上不只妈妈好，还有老师好！"

小龙同学3岁丧父，母亲带着他和两个姐姐改嫁了，特殊的家庭给孩子造成了常人难以想象的困难，影响了孩子的身心健康发展，使孩子形成了倔强、孤僻的性格。我想为他申请学校补助，他坚决拒绝，班内同学捐款他她不接受，他怕别人怜悯，担心别人"低眼"看他。有一天下晚自习后，我以找他帮我拿书为由，领他到办公室，当交谈接触到实质性问题时，他泣不成声，封闭了多日的内心的苦闷开始释放，他谈到学习用的本子都是同学朋友给的，感冒无钱买药就强挺过去……面对这个孩子我无言以对，心里有说不出的滋味。我从抽屉取出一沓饭票、十几元钱塞到他手里，平时到集市上买点儿水果放到他被子底下。开始他不肯接受，我就装着生气的样子劝他："不接受别人真诚帮助的人，他也不愿意帮助别人，难道老师有困难的时候你也视而不见吗？"几张饭票、几元钱算不了什么，可对于这无助的孩子，不但要让他在物质生活上得到支持，更要让他感受到社会的温暖，感受到生活的希望，这对他一生的发展将会产生极大的影响。尽管我刚刚参加工作，工资微薄，但在学生需要的时候，我总是真诚地资助他们。我相信，在学生身上付出的再一点爱心，都会在他的心灵上播下一颗颗爱的种子，我期待着爱心的浇灌，在未来的开出鲜艳的花朵。

初一下学期时，小超同学转入我班。某天，他买饭不排队，与检查员发生争执，扬言要修理那位检查员。政教处找到了我，我没有直接批评他，而是让他先写一份说明书。一般学生在写说明书的过程中就会认识到错误，并决心改正，而他的说明书这样写：老师，我在原来学校不排队买饭，从来没有人敢找我的事，今天，我够给您"面子"，老师您知道"路见不平一声吼，该出手时就出手"。以前，高年级学生惹着我，我都能"赳"他，高年级的学生有帮手，我就从高中找来几个"哥们"，我连出三拳，他都没还手，我又是一顿乱打，那家伙知道不是我的对手，吓得直向我求饶，他的同伙都替他求情。天啊，怎么这样，他不但没有悔改之意，还有嚣张之狂，我很震惊。此后一连几天，他不是与本班同学闹矛盾，就是与别班同学发生冲突。英语课上，他呼呼睡大觉，影响了正常的教学，他与我又唇枪舌剑了一番。我知道对这样的学生大声训斥效果会相反，我相信爱的力量是巨大的，这类学生只能用爱心慢慢地感化他。之后，我每天在教室或校园里时他就问寒问暖，老师讲课听懂了吗？饭菜可口吗？每天晚上睡觉前都给他掖掖被角，弯着腰告诉他做不出题问老师，有困难找老师。我发现他在星期一劳动课上用车子推草皮很卖力，我感受到了他的点滴变化。星期天下午返校，小超原来学校的一个女同学让我校的另一个女生捎信给他，正好遇上我，我说我把信转交给小超。晚上我还没找他，他已到了我办公室："老师，我同学给我一封信在你这里，给我吧。"我把信摆在桌子上，说："公民有通信自由权，这受法律保护，但男女同学之间应正常交往，不需要别的同学捎信。"最后我们达成协议，这信暂时由我保管，等他毕业后我再"完璧归赵"。他点了点头，从他的眼神里，我看到了他对老师的理解和信任，我又对他实施"小目标激励法"，如：课堂纪律小目标：一节课不违纪，就给予奖励，后来又延长为半天、一天，直至一周。语言文明小目标：第一周只允许说两次脏话，第二周改为一次，第三周不许说脏话。慢慢地，老师的话他听进去了，我的爱赢得了小超的信任。正所谓"亲其师，才能信其道，信其道，才能受其教"。现在小超同学的自控力强多了，出手伤人的事情再未有过，并且学会了关心集体。他的转变，令他自己、也令同学、更令家长满意。我们还在校门口合影让师生之情永恒。

班主任爱学生应爱学生所爱，发展学生特长，我在班里开展了一系列的发展特长工作。我让每位学生找出自己最擅长的项目，然后分组定时训练，制订奖励制度，全班同学在学习之余，都有自己感兴趣的事做，这项工作取得了很好的效果。如：我发现班里男生特别是小琪同学喜欢航模，我就引导他多看航模相关的书，在课外活动时间，我和同学们到田野里练习放飞航模。不管炎炎夏日，还是严寒冬季，我都会抽出时间与学生一起放飞航模，此时学生变成了老师，老师变成了学生，一次次失败，一次次再来。田野里放飞着我们师生的理想，放飞出学生的特长发展，放飞出信心希望，放飞出金灿灿的奖杯。小琪、小震在县航模比赛中获第一、二名，我校获团体第一名和优秀组织奖。

作为班主任的我心中总有一个信念，爱学生所学，好学生所好，就能育生成才。信念是鸟，感到了快乐就唱出了歌，歌中优美的旋律来源于爱的真诚。

行走在创新的路上

班级管理是学校教育和管理学生不可缺少的措施，但形式单一、枯燥乏味、老调重弹的管理，不仅效果不佳，还令学生生厌。怎样才能把班级管理得生动活泼、多彩多姿？下面我就谈谈在班级实践中的一些做法。

一、教育环境影响终身

在班级前门的玻璃窗上，我贴上了八个墨绿色的正楷字："精雕细琢、终成大器。"一位家长找我谈话说："这八个字真好，每次到班级看望孩子，看到它，不用说对孩子，对我都是一种鼓励。对于任何人、任何工作，都不过是如此。"我心里十分欣慰。看，我班浓郁的文化氛围，不仅滋润了孩子，还影响了家长。为陶冶学生的道德情操，发挥环境育人的功能，班级对育人环境进行了精心布置，让班级的每个角落都闪烁着教育的光芒，让每堵墙、每块砖都会说话。跨入教室，前墙是"我的班级永远是佼佼者"的横幅，两边侧墙各是"我的课堂我主宰""态度决定行走的高度"，书橱上方是"让读书成为习惯"，就连卫生工具旁也有警示语。班级布置让孩子每天浸润在温馨、幸福的育人氛围里。

什么样的环境，熏陶什么样的颜色；什么样的班级，造就什么样的学生。我相信洛克说过的一句话："幼小时所得到的印象，哪怕极微极小，小到几乎觉察不出，都有极重大及长久的影响。"

二、打造团队精神

集体主义是我们多年来的追求，也是我们管理实践的最高形式。集体主义是一种美好的理想追求，但有些时候，它成了抹杀个性的工具。

团队精神是在长期实践中精心培育形成的具有特定内涵的群体意识、价值取向等多种要素的集中体现。团队精神尊重个体，人人和谐共处，张扬个性，发挥团队里每个成员的积极性和创造性。

为此我积极倡导构建学习型组织，积极追求团队精神，让班级目标成为全体学生的共同生活和精神寄托。暑假里，我为班里的布置了学生都有五千字的读书摘抄的作业。静静地读上几本书，成为每名学生的一种精神享受，学生的写作能力显著提高。

周昌中在《创造心理学》里说："团队的精神是构成创造气候的最重要因素。"团队精神，是个人智慧与集体力量的最佳结合，是一个班集体打不败的铁壁铜墙。

三、用激情"创作"班级

在我们班级的网页上，我开辟了一个"班主任文学创作"专页，上面是我写的一些小说、散文和教育随笔，供学生家长批评和浏览。班级管理和文学创作有什么关系？有一位教育专家到我校考察，听完我班的汇报后说："你这是用文学家的激情治理班级。"后来，在校长的留言中写道："你对教育有着独特的观察和思考。"

其实，文学创作需要一份激情，一份灵感，一份悟性，还需要一种思想意识的积淀、构思布局的能力、驾驭文字的功底。治理班级又何曾不是？

人各有所长，又各有所短。我们要扬长避短、发挥特长，才能人尽其才、物尽其用。我班一位女同学，在设计上有些灵气，我班的一切设计和布局都是她来做。我可以用作家的激情"创作"班级，她可以用画家的激情"描绘"班级。让班级每名学生都燃烧激情，还有办不好的班级、做不好的工作？

四、丰富多彩的主题班会

在工作实践中，有时我会积极地开展主题班会的工作，避免单一枯燥地对学生说教。有时进行"名人故事"主题班会，通过故事让学生认识生活、认识人生，理解名人成功背后的付出，确立正确的价值观。有时候针对学生出现的问题，开展"辩论式"主题班会，老师事先准备好材料，同学们分成辩论双方，让学生自己去思考、理解、辩论，从而达到"理愈辩愈明"，让学生自己明白是与非、对与错。还有时候让学生扮演生活中的角色，进行"表演式"班会，引导学生通过角色扮演、角色定位，让学生找准自己的位置，发现问题并解决问题，达到批评和指责所达不到的作用，促进学生自主体验，起到此时无声胜有声的效果。

五、关注身后的亲人

实际上，我们维持一个班级现状的时候比较好做；但要改变一个班级现状，并有所发展，可能要付出百倍的努力和汗水。

新班级的创建才刚开始，一天，我听说班级有一位同学经常独自一人偷偷哭泣，情绪低落，郁郁寡欢。经调查，原来是孩子的父母闹离婚造成的。我想，长此以往，闹离婚就不仅是孩子父母双方的问题了，它还涉及孩子的学习生活及精神生活，这件事处理不好，孩子可能会因此辍学甚至影响他终身的性格。

怎样做呢？一方面教师要做好学生的思想工作，让学生有一个稳定、安静的生活氛围，另一方面与家长联系，分析利弊，及时化解了矛盾。因这事，孩子父母对我感激涕零。通过这件事我转换思路，每学期开学之初，我都亲笔给每位学生家长写一封信，未雨绸缪，此举收到了良好的效果，我班从此没有一位学生因为父母而影响学习的。一位年轻父母还让孩子捎信说："感谢您，老师。您不仅是孩子的老师，还是我们俩的老师，谢谢您老师。"

六、大爱无招胜有招

治理班级应"以不变应万变，以无招胜有招"，班主任无招而为不是放任，不是不管理。面对学生，班主任要"晓之以理，动之以情"，使学生认识到"真诚的良苦用心"。就如同教育家李镇西所说："拥有一颗爱学生的心，是当一个好老师的最基本的条件。"无招是建立在真诚的基础上的管理方式，让学生真正体会到教育的用心。学生与我们如同朋友，师生交往是两颗平等的心灵在倾诉、在互动，这不是招式的招，必定被学生理解为是对自己的关爱，是老师的一种无私奉献，那么，铁树也会开花、即使是顽石也会流泪。

花草树木弥漫着幽幽的清香，整个学校一片静寂。现在是暑假，学生们都已离校，今夜不再需要做班主任的操心与牵挂。我想到多年来班级的点滴变化，一种幸福的感觉潮水般溢满心怀。作为班主任，就把幸福送给孩子吧，让我们的孩子天天生活在幸福之中，让幸福溢满校园、溢满班级，让每一个孩子都拥有幸福人生。

润物无声

随着社会的发展，人们越来越意识到心理健康的重要，它不但影响个人正常的学习、生活，而且关系到人生幸福成长。开展心理健康教育，发展学生健康心理，培养健全的人格和良好的个性已成为十分紧迫和重要的课题。下面谈谈我在这方面的体会。

一、要理解和尊重学生的心理

我们对学生的期望和关心是促使学生努力上进的重要因素，因此，我们对学生就不能偏爱。如果我们对有的学生抱高期望，对另一些学生抱低期望，那么被低期望的学生就容易产生自卑感，以至于不求上进，产生对抗心理。因此，我们要关心全班每一个学生，爱护、帮助他们。教师要公平对待每一个学生，妥当处理学生间"告状"的问题。记得有一次，我班的学生刚完体育课回到教室，某生发现丢了一个铅笔盒，大家都认定是一个曾经偷过班级新作业本的学生偷的。丢笔盒的学生提议搜书包，全班都随声附和，被指责的学生涨红了脸，含着泪水低声说："我没有，我没有……"我想：如果真的搜出来，就证明是他偷的吗？就算是他偷的，今后他如何立足于这个班级呢？万一不是他偷的呢？那么对这个自尊心极强的男孩，又会造成怎么样的伤害呢？于是，我不同意搜，并上前拍拍那个满脸泪痕的学生，说："一次的犯错不代表永远犯错，老师相信你。"事情澄清后，丢笔盒的学生和被误会的学生成了好朋友。全班也获得了一次教育。可以设想：如果当时我强行搜书包，十有八九会闹出不良的后果。中学生正处于青春期，对我们的评价格外敏感，我们处理问题的方法不恰当、不公平，很容易使学生产生逆反心理。因此，作为班主任，我们一定要一视同仁，不偏听，不偏信。

二、要关心和疏导学生的心理异常

教育家夏丏尊先生说过："教育没有情感，没有爱，如同池塘里没有水一样，没有水就不能成为池塘，没有情感，没有爱，也就没有教育。"作为班主任，如果不爱护学生，师生感情淡薄，甚至出现对立情绪，班主任讲的道理无论如何动听都不能打动学生的心灵，更谈不上教育效果。我班有一个学生非常好动，自制力薄弱，经常欺负同学，经常打架在学校有一定的"知名度"。我接手这班后，心里忐忑不安，总担心会有什么事故发生，但我又觉得，绝大多数学生都有得到温暖和帮助的需求。在与他谈话时，我感到这位学生心理状态复杂多变，尽管有骄横的表现，但却不失幼稚，还存在自卑的心理。由于他的种种有别于其他同学的古怪动作、行为，班上不少同学都在他背后嘲笑他。我却尊重他，绝不挖苦他，而是多次进行个别教育，指出其缺点，我还给其他同学做思想工作，不要因为他的所作所为而歧视他。有时，他的脾气很暴躁，我就注意克制自己的情绪，力求心平气和地跟他谈话，使他明白老师真的想他改好、做好。我的真诚拨动了他的心弦，他有了转变，不再随意欺负同学。记得有一次，有个学生急匆匆地跑进教导处告诉我，该生正要和其他同学打架。我马上跑到教室去，发现该生正和班中另一个学生在玩耍，我连忙问他刚才发生了什么事，他说："刚才××在我身上用力拍了两下。""那你是怎么做的呢？"我迫不及待地问。只听他认真地说："老师，我没有还手，我知道打架是不对的。"听了这句简简单单的话，我顿时觉得有如一股暖流涌入心田……

热爱学生，在师生间架设一座爱的桥梁，学生就容易接受教育，学生的心理问题也就容易解决。

三、在课堂教学中，重视渗透心理教育

学生的心理问题多种多样，对他们进行心理教育要善于抓住有利的时机，润物无声，使之在不知不觉中接受教育。比如，在上《廉颇蔺相如列传》一课时，我让学生们讨论蔺相如的行为，使学生认识到心胸开阔，性格开朗，有益身心健康；常为小事生气会损害自己的身心健康。同时，我开展了《我是谁》主题班会，让学生深入认识自己在家庭、学校、社会中的地位。学生踊跃发言，课堂气氛很活跃。有的说："我是初二（1）班的学生，我从来都不会迟交作业。"有的说："别以为我在家年纪最小就不用做家务，其实我最爱劳动。"有的说："上次语文测试我的成绩不理想，但我觉得自己一点儿也不笨，只要下次仔细些，一定可以考好。"看，一张张天真可爱的笑脸，不正代表了一颗颗充满自信的心灵吗？

我们的教育教学活动是灵活多样的，我们应该抓住有利时机进行心理教育，逐渐起到潜移默化的教育效果，从而促使学生的身心愉悦健康发展！

这是我的班级

"这是我的班级。"这句话包括两层含义：一定我是班级的主人，它的荣辱和我息息相关；二是这个班级是我的，即对班级产生归属感。

一开学，我就利用班会和午会的时间组织班干部竞争上岗活动，职位和职责公开（强调没有特权，反而要求更严格），无个人条件限制，自主报名。竞争者参加"竞选演讲"，学生投票选出。学生积极投入，选出了一支自愿参与管理，乐于为集体服务，有群众基础的班干部队伍，学生们浅尝"当家做主"的味道。紧接着，我推行值日班干部轮换制，每一个班级成员都有机会切切实实地参与管理工作中。随后，我把许多日常工作的主持交给了值日班干部，他们有权表扬和批评，有权加分和减分。没多久，班级形成了事事有人关心、事事有人管的局面。

做了班级的主人，对这个集体就有了归属感。这能满足学生们的安全感需求，于是，他们愿意吐露自己的内心。能面对真正的自己，才能做言行一致、表里如一的人，自我教育才能真正落实。但面对真实的自己，说起来容易，做起来难！学生为什么要撒谎来掩饰自己的错？如果他认为这个人，这个环境能容纳他犯错，并且能切切实实地帮得了他，那还用得着费那么多的心思编造谎言吗？所以，一个宽容的环境特别重要。于是，我鼓励他们说实话，不管他们做错了什么，只要说了实话，既往不咎。并且承诺会尽自己微薄的力量去帮助他们。承诺如此，面对问题的时候也真正如此做，这就需要用教育的理性来克制冲动、急躁。当他们一次次地看到和亲身经历了一些事情后，他们开始信任我，愿意对我说实话，并愿意和我一起面对自己的内心。记得有一次，有个女孩因为恶作剧被值日老师批评。午休结束后，她主动到办公室找我，承认自己的错误，这刹那间，我感到非常快乐，因为学生认为这个班级是我的，我要为它添光彩。

就这样，我营造了一个良好的培养自我教育能力的外部环境，这就是我的班集体。

阳光教育

别的班级"风平浪静"，井然有序，而我的班级的学生隔三岔五地被校长叫到办公室狠狠地批评一顿，被批评的学生泪如雨下，而最揪心的就是管理者——我。

自从接手这个班，班级整体情况是纪律散漫，卫生、学习成绩很不理想。一个班的好坏，跟班主任有着直接的关系，班主任有不可推卸的责任，班级的情况就是这个班主任的管理效果的外现。怎样建立一个班风健康、学风积极，各方面都很优秀的班集体呢？

希腊有则寓言："寒风和太阳比赛，看谁能让行人脱掉外套，寒风鼓足了劲，拼命地吹啊吹，它越吹得厉害，行人越冷，衣服裹得越紧；而太阳则不慌不忙地照着大地，行人一会儿就暖烘烘的，最后热了，就脱掉了衣服……"教育何尝不是如此，管理班级何尝不是这样。

班主任是与学生接触最多的人，成绩好的学生用优异的成绩来展示自己，来得到你的认可与表扬。成绩不理想的学生呢？他们也渴望老师的认可，所以他采用特殊的令人惊异的方法来引起你的注意。如：一位同学，学习成绩不好，但他渴望老师也关注他，给他鼓励和认可。可是，他认为自己成绩差，认为老师根本不重视他，甚至认为老师讨厌他，他渴望阳光、渴望爱、渴望认可的心情就更强烈，所以他就采用自习课上唱歌来"一展风采"，此时老师该怎样处理呢？有的老师认为"此学生无视学校纪律、捣乱班级的正常自习，学习又差对这样的学生就应狠狠批评一顿，防止他攀着鼻子上脸……"冰冻三尺，非一日之寒。面对这样的学生，教师是严厉谴责，还是采用"阳光"教育呢？本来，学生想得到老师的认可，思想是积极的，但方法不得当，形成了美丽的错误。如果严厉批评是不是给他雪上加霜呢？如果严厉批评换来的是敬而远之，苛刻换来的是视师如敌，那对他一生将带来怎样的影响？本来健康的他还会真正健康地成长吗？没有心灵沟通的教育绝不是成功的教育，没有爱，阳光的教育还是创新的教育吗？面对这样的孩子，我采取了"阳光"教育。

　　课余时间我找他谈心，挖掘他的音乐天赋，在音乐课上让他一展风采。原谅孩子美丽的错误并给予说服与期待，让其兴趣转移。从而体验成功的喜悦，倍增其信心，让他在学生队伍中也能够昂起头前进，让他真正感觉到阳光、爱的温暖……

　　"冰冻三尺，非一日之寒。"暖化孩子这团冰块，还需要我们教师的共同努力，改变一个人哪怕是一个孩子不是一蹴而就的，这需一个过程，因为他们的心灵大都是封闭的，改——难！稍有不慎，他们的反弹就会变强……

　　让我们共同呵护那朵花，或许他们也会在灿烂的阳光下开出更绚丽的花朵，因为每个孩子都是有希望的。

无为而教

汉初，由于秦末战乱和楚汉相争，国贫民穷，经济凋敝，统治者实行轻徭薄赋，休养生息，并采用了老子"无为而治"的思想，由老百姓积极主动自由地发展生产，从而达到了天下大治的目的。由此，我联想到了我们在教育中何不尝试"无为而教"呢？

中学阶段，学生由于年龄小，更没有形成世界观，性格没有定型，可塑性很大。他们学习目的不明确，感情脆弱，自制力差，精力难以集中，不能持之以恒，无知、好奇、好问、天真、顽皮、喜欢活动，等等。根据这些特征，我们不能强制他们学习，只能按其性格、爱好、年龄特征，因材施教。在活动中、在游戏中悄悄地施以教育，做到"润物细无声"。这就是苏霍姆林斯基所说的"把自己的教育意图隐蔽起来"。

据说一个女孩初学小提琴，琴声如同钢锯锯木头，父母不愿听，孩子便跑到树林中练琴。突然，她听到一位老人说："孩子，你拉得真不错！"小女孩第一次受到鼓励，每天都到树林里为老人拉琴。每拉完一曲，老人都发自内心地说："谢谢，你拉得真不错。"终于，家长惊异地发现女儿的琴声优美动人，忙问："你受到了哪个名师指点？"原来，那老人是著名的乐器教授，他只是认真倾听孩子的琴声，小心翼翼地保护孩子幼小的心灵，虽没有具体施教，却给了她成功的信心。这个故事讲的就是"无为而教"。

我认为，中学生是一个"独立的变量"，而不是传统意义上的"依赖的变量"。他们是学习的主体，是课堂的第一线，教师是课堂的第二线，是后勤，是有心的旁观者。这好比一棵幼苗，吸收营养成长是它的任务，我们只是照看、保护而已。教师应该创设浓厚的"学问"氛围，激发学生的好奇心，激发学生的联想和想象，让他们自己积极主动地思考、提出问题，教师只适当点拨，当学生提出的问题其他同学无法解答时，教师再加以引导解惑。一堂课40分钟，教师讲解的时间以10分钟左右为佳。教师对学生的解答、实验、制作等都要加以肯定，即使答案相去甚远，我们也可以从另外一个角度来认识、肯定，给学生成功的信心。好奇心、好发问、自信心是创新能力的原动力。"无为而教"追求的就是这种"不教而教"的效果。

可是，我们周围大多数教师往往缺乏足够的宽容与耐心，学生稍有小错，就急不可待地将所谓完美的答案揭示出来。长此以往，学生会因怕犯错误而变得谨小慎微，疏于思考，更不要奢谈创造力和创新精神了。

中学生无知、天真、好奇，打破砂锅问到底，没有因袭传统的重负和传统的偏见，没有理论的束缚，没有陈规来绊脚。他们敢想、敢问、敢做。面对这些，我们除了把学习的权利还给孩子，让他们在实践中认识到"我能行"之外，我们还奢望什么呢？

我的眼中没有学困生

初一年级，新的班级，上课铃响了，我走进教室。"××，请你回答。"我微笑地看着一个男孩子。他先是看了我一眼，然后缓缓直起身子,两手使劲揉搓着。"老师,别喊他,他从来不回答问题。""老师,我替他说。"一双双小手在我的眼前晃动,他的面孔却在我的视线中逐渐模糊。

下课的铃声响了,"××,请来老师办公室一下,好吗?""老师叫你了。""今天又得挨训。"他在同学们的冷嘲热讽中出了教室,低着头走到我的办公桌前。我微笑着拉起他的手说:"××,老师今天在你没举手的情况下喊你回答,是老师不对,你不怪老师吧?"他睁大惊恐的眼睛望着我,没出声。"这个问题你会了吗?"他轻轻地点了点头。"能说给老师听听吗?"过了好一会儿,他才慢慢地挤出几句话来。"说得真好,听得真仔细!下次老师再喊你回答,你能勇敢地对大家说吗?"他想了想,还是没说话。"××,老师一定在你举手的时候喊你,我相信你一定能行!"这时,他缓缓地抬起头来,眼睛里透出惊喜。

以后的每一次课堂提问,我都微笑地注视着他,希望他能勇敢地举起手来。可每一次他都瞅了瞅我又低下了头。有一次,我让同学根据课文内容表演,同学们都跃跃欲试,我依然用期待的目光看着他。这时,一只小手慢慢地举了起来。我满心欢喜。"××,你来试一试。""老师,让我来,他不会……"听着同学们七嘴八舌的议论,他稳稳地坐在那里。"同学们,老师的眼中没有差生,你们都一样聪明,我相信××能行!"说完我带头鼓起掌来,也许是掌声给了他力量,他自然地走到台前流畅地表演完了课文内容,同学们和我都大吃一惊。我立刻竖起大拇指,连连说:"××表演得真棒,大家表扬表扬他。""嘿,嘿,你真棒!"同学们都向他竖起了大拇指,他欣喜地低下了头,以后的课堂提问再也没少过他的回答。

我坚信没有教不好的学生,只有不会教的老师。

通向教育彼岸的彩虹桥

　　师者，传道授业解惑也。新时期的教师面临的似乎更多，时代的发展，知识的不断更新，人才的竞争，学生接触的新鲜事物多，思维变得越来越活跃，需求更大，要求更高。教师要从传道者转为学习知识的引路人；从解惑者转为发现问题的启发人；从授业者转为解决创新问题的参与人。同时，想用威严去压倒学生的时代已经过去，而今的好教师，学生亦师亦友，民主平等；具有爱心和具有知识。爱学生，就必须善于走进学生的情感世界，就必须把自己当作学生的朋友，去感受他们的喜怒哀乐。教师不但要善于言教，更要精于身教。

　　记得去年刚接班，孩子们好像也想考验考验他们的新老师，一天放学，值日生做值日，我便在班里批改作业，打算等他们做完值日都回家了，我再离开。可是，十几分钟过去了，我抬起头，看到屋里几个孩子转来转去，地上还是脏的，而且地上还有零零碎碎的纸屑、杂物。看到这，我很生气，真想训他们一顿，都这么大了，懒懒散散，连教室都打扫不干净。但这时，我压住了火，心想，孩子们都有自尊心，自尊心强是青少年极为可贵的心理品质，是他们自我教育、自我发展的内在驱动力，决不能伤害他们的自尊心。所以，我立刻从三角柜中取出扫把，刷刷地从教室后边有序地向前扫了起来。看到老师的行动，这几个学生再也待不住了，他们纷纷行动起来，有的跟我扫地，有的打水，有的擦黑板、擦窗台，教室一会儿就变了模样，整洁、明亮、干净、温馨。

从此以后，我对学生很少用命令去号令他们，更多的是以自身良好的行为和品质去影响他们、带动他们，使他们的自觉性大大提高了。从那以后，我和学生之间更默契了，学生跟我更亲近了。由此看来，言传身教，尤其是身教的育人功能是不可估量的。它像师生之间的一种调和剂，更像调酒师手中的鸡尾酒，越调越浓。

如果说渡河的困难是没有渡船，那么学生的困难就是学习中时没有爱心的支撑，以及支撑他们学习的愉悦心情。这种愉悦的情绪是激发他们努力学习，奋发向上的催化剂。因而教师应为学生创设快乐的心境，快乐的情境，快乐的环境，让学生在愉快中接受教育，在和谐中健康成长。

我们班里有一个学生由于口吃，嘴里经常不自主地发出声音，有的同学看不起他。表面上看，他大大咧咧满不在乎，实际上他的内心深处是很自卑的。但我从来不冷落他，在课余时间主动和他谈心，当他有困难时，我就主动去帮他。慢慢地，同学们也开始亲近他，乐意与他交往，只要他有进步，我就会表扬他，向他投去鼓励的目光。在课堂上我有意锻炼他的思维，请他回答问题，当他越想说却越说不出来的时候，我会边耐心地等待，边鼓励他说："别着急，慢慢说。"现在他在各方面都有了不同程度的进步。爱说、爱笑、健康、活泼的他也很愿意同我聊天，无拘无束，我想这也许就是老师付出的爱心所结出的甜蜜果实吧！

教师对学生的爱，是把心灵和才智献给学生的纯洁情感。苏联教育家苏霍姆林斯基说："教育技巧的全部奥秘就在于如何爱护儿童。"爱是一种情感，情感是影响人的立场、态度、行为的重要因素，是具有感染性的，情感的感染性对人起着感化作用，是一种潜移默化的力量。教师与学生间的情感也是这样，师生之间的情感越亲密，感染性就越强，感化作用就越大。

以心灵感受心灵，以感情赢得感情。学生在智力上本无太大的差别，非智力因素也在很大程度上影响着他们学习成绩的好坏，兴趣是否浓厚决定着他们对一门学科投入精力的多少。因此在日常工作中，我注意抓住适当的契机，对他们进行引导，努力将一些非智力因素转化为学生学习的直接动力。记得我曾经教过一个非常淘气的孩子，他经常不完成作业，而每当没有完成作业时他总会找出各种借口。有一天，我听到同学说今天是他的生日，于是，便在他的作业本后注上："祝你生日快乐，希望你长大了一岁，学习也能更进一步，老师知道你是个聪明的孩子。"没想到，这短短的一句话，竟然慢慢地使他发生了改变，他上课不再睡觉，听讲认真了起来，作业能按时完成了，学习成绩也有所提高，他所做的这一切得到了同学们的认可，还有我的表扬。

我们面对的是有感情的人，我们的工作成绩除表现在书面以外，更有常人难以得到的孩子们浓浓的纯真的感情。一次我生病，我发现了学生们偷偷放在我办公桌上的药品，并且附上一张纸条写道："老师，祝您身体健康。"我对孩子们付出了一份情感，回收到的是孩子们一份份真诚的挚爱。有时候看着一张张童稚的脸，我常常觉得作为一名教师应时刻对学生奉献一份爱心，这爱心便是一把开启学生心扉的金钥匙，教师要用这广博的爱心、关心、耐心和诚心来滋润每一颗幼小的心灵。

爱的合力

我国离婚率逐年提高，现在我们学校每个班级都有一个甚至几个单亲学生，单亲学生数量的猛增，向班主任提出了新的挑战。

这些孩子，由于所处的家庭环境特别，普遍缺少家庭的温暖，缺少父母的爱，情绪上常会波动，易急躁、易发怒；心理上往往会萌生自卑感和孤立感，自觉低人一等，抬不起头；性格上发生变异，变得孤僻、沉默寡言。他们一般对学习、生活缺乏兴趣，经常不做作业，有时还捣蛋、逃课，老师、家长两头骗，对自己的前途和将来的生活感到迷茫。这些学生，自然成了班主任的"包袱"，爱恨都不是，如果放任自流，长期下去，很容易使他们走向邪路。

那么我们该怎样教育和辅导这些单亲学生呢？以下是我的几点尝试。

首先，我们要给他们爱心。爱是维系孩子与教师之间关系的重要纽带，爱得愈深，教育就愈有力量。大多数单亲学生由于缺乏家庭的温暖，一般比较孤独、自卑，他们不愿意让别人知道自己家庭的缺欠。这就要求班主任尊重他们、热爱他们，在教育中要突出一个"爱"字。对他们的爱应该是真诚的、广泛的、无条件的，要体现在学习、生活的方方面面。还要注意把握好情感交流的方式、方法。只有爱孩子的人，才可以教育孩子，那种"打是亲，骂是爱，不打不骂是祸害式"的爱，绝不是真诚或真正的爱。譬如，我们班级的小洋同学，父母离异后跟爸爸生活在一起，他爸爸平时不管他，对他不闻不问，小洋一旦犯了错，就噼噼啪啪地打一顿了事。时间一长，小洋这孩子也被打"皮"了，整天一副"大不了挨顿揍"的样子，什么也不在乎。我了解了这一情况后，注意从学习、生活上关心他。学习上，我抽空帮他把以前落下的课补上，作业经常面批，让他感觉到老师并没有放弃他。生活上，经常帮他解决一些小麻烦，并适时地给他讲些道理，平时注意发现他身上的优点，一有成绩就表扬他，使他时时处处感觉到自己并不比其他学生差，老师始终在关心他。慢慢地，他有了上进心，成绩逐渐赶上并超过了许多学生，以至于有些学生觉得我有点儿"偏心"。其实，对于这种缺乏家庭温暖的孩子的教育，教师就必须给予其多些爱才能奏效。

第二，让他们生活在群体中，感受到集体的温暖。单亲学生的性格往往比较孤僻、沉默寡言，害怕受到周围人的歧视，不愿与其他学生交往，形成一种闭锁心理。这种心理对教育极为不利，不打破其心理上的坚冰，就根本无法对其进行教育。因此，我们必须让单亲学生生活在同学的友爱中，感受到集体的温暖，体验到集体生活的愉悦，养成遵守纪律和关心他人的品格。记得我曾教过一名叫小伟的单亲学生，其父母经常争吵打架，直至离婚，他与母亲生活在一起。由于他整天处于担惊受怕的环境中，性格发生了变化，事事疑心，处处戒备，不愿与任何同学交往，对老师也是一种敌视的态度。三天两头，就有任课教师到我那里"告他的状"，弄得我的工作十分被动。针对其表现，我先了解了他的情况，并分析了原因，采取了有针对性的措施。一方面我从学习、生活上关心他，另一方面我要求其他学生，尤其是班干部主动接近、关心他，在集体活动中，我多给他表现的机会，经常交给他一些为大家服务的任务，让大家认可他。针对他家庭困难，买不起校服的情况，我和班干部偷偷地帮他订购了一套，由我悄悄地送到了他家里，我们还偷偷地给他准备了一次生日联欢会。当一切准备好后，我找来他，同学们高唱《祝你生日快乐》祝福他，他流下了激动的泪水，哽咽地说："真心地谢谢老师和同学们，我已经好长时间没过生日了，你们又一次让我感觉到了家的温暖。"我们让他在联欢会上，充分地发挥了歌唱的特长。通过这些活动，终于打破了他的闭锁心理，并使他自觉地融入集体中。

第三，做好家长的思想工作，调解好学生与家长的关系。单亲学生之所以往往成为问题学生，一个根本原因就是家长自己摆脱不了不幸的阴影，沉溺于痛苦之中不能自拔，对子女缺乏足够的关心和爱，教育方式、方法粗暴。因此，教师除了要做好单亲学生的工作外，还要做好单亲学生家长的工作，调解好学生与家长的关系，这样才能巩固教育的效果。我曾教过一名叫小丽的单亲学生，她在学习上表现都很差，通过我的教育，有所改观，但不久又恢复了原样，给人一种"刀枪不入"的感觉。后来我通过分析，问题主要出在她家长身上，于是我对其家庭进行重点家访，疏导家长的情感。首先，通过谈话使家长摆脱不幸的阴影。我告诉家长：家长忧愁的情绪是对孩子心理的摧残，沉溺于痛苦不能自拔，对新生活缺乏勇气，不仅于事无补，而且于孩子的教育也不利，家长必须摆脱阴影、面对人生、想想孩子。其次，提醒家长优化家庭环境。环境对孩子来讲太重要了，孩子大部分时间是在家里度过的，家长要放弃一些不良的嗜好，多花些时间在孩子的身上，尽可能地为孩子创造一个温馨、文明的环境。再次，家长要多给孩子一些爱，让孩子那本已倾斜了的爱的天平恢复平衡，家庭不能没有爱，没有爱，便没有幸福。家长对孩子的期望不要超过孩子的最大能力，教育的方式、方法不要过于简单，要爱护孩子的自尊心，要调节好自己的心理，不要因自己的不如意，而迁怒于孩子。家长只有多给孩子一些理解和爱，才能使孩子重建爱的天平，当然，这里所说的爱，绝不是姑息、溺爱。调解好学生与家长的关系后，对小丽的教育辅导就轻松多了，效果也越来越明显，最后小丽还被评为班级创优积极分子。

一位教育家曾经这样说过：教育的全部奥秘就是爱。对单亲学生的教育要获得成功，关键就在于在"爱"字上做文章，我们班主任老师应集教师、同学、家长三方面爱的合力，去抚慰单亲学生那颗受伤的心，使他们在各方面都健康地成长。

叛逆少年的回归

学生各自家庭情况、父母的教育方式和生活方式各自的不同等，出现了一些特殊的家庭。例如：单亲的家庭，离异的家庭，还有许多父母因外出打工而把孩子留给爷爷奶奶照顾的留守家庭等。

在这种情况下，教育，尤其是班主任的班级教育也出现了以前所没有的诸多现象。例如，班级当中出现了很多叛逆的孩子。他们对老师或班主任的友好、正面的劝告，大多采取充耳不闻的态度，或者是他们明明知道这些劝告是对的，却采取消极或者是抵抗的态度。

班主任老师在治理班级时有一种无能为力感，尤其是面对班级中特别叛逆的孩子，班主任老师可谓使用各种办法，对孩子加以规范和管理，但是收到的成效往往微乎其微。

我接受了初三（9）班的教学工作，并担任班主任，经过了一个月的熟悉、摸索和相互适应，我发现了我们班级的小成同学就是一名个性张扬，并且对老师的各种管理非常抵触，不配合老师，叛逆心极强的一名男同学。这位同学成了班级治理的难点和重点，也是各任课老师对我提出需要特别关注的一名同学。面对这样的学生，面对各位老师提出的意见和建议，是放弃，还是积极帮助？我遵循了内心的想法，尽力地帮助这名同学，使这名同学重新走上正常的学习之路。

我于是就奏响了改变的组曲。

第一部曲，走进原生态家庭

面对这样一个孩子，我起初束手无策，但我也绞尽脑汁地想各种办法，一定要找一个突破口，打开孩子封闭的心灵。从哪里入手呢？我在翻阅孩子档案的时候，"单亲家庭"映入我的眼帘，我想我有必要走进他的家庭去了解孩子的生活状况。于是我利用周末，跟孩子的母亲通了电话，了解到，孩子的母亲经常无条件地满足孩子的需要，孩子需要什么，母亲的就尽力去满足。可是进入初中之后，孩子接触了手机网络，受到不良信息的影响孩子开始提出一些无理要求这时候他的母亲感到了事情的严重性，开始拒绝孩子的一些不正当的要求。这时候孩子对自己的母亲产生抵了触或者是不信任的态度，然后采取冷暴力的方式来对抗自己的母亲。

他的母亲呢，一开始也是坚守自己的原则，可是看到孩子一次次地不理她，就软了下来，然后就在约束与满足孩子要求当中，不断曲折地进行着要求与被要求。这样就进入了初二年级，初二年级孩子的心理发生了很大的变化，只要达不到他的要求，就和自己的母亲大吵大闹。孩子的母亲也伤透了心，想放弃自己的孩子又于心不忍，可是看到孩子的表现更是伤心，真是无计可施。孩子的妈妈与我的见面，经过沟通交流，她的心里轻松了很多，同时，孩子妈妈也把教育孩子的希望寄托在了我的身上。

我知道现在孩子的内心是封闭的，因为他有一段曲折的成长经历。为此我对他的母亲提出，了尽量倾听孩子的要求，了解孩子内心真实想办法并且想法走进孩子的心灵，要晓之以理，动之以情，不能采用暴力，但是一定要坚守自己的原则。第一，要先从融化孩子的内心开始。如果孩子还是不听的话，那就给孩子写信，通过书信来了解孩子的内心。第二，要多倾听孩子的想法。第三，对孩子提出的过分的要求，违背原则的要求，不能因为孩子的冷暴力就心软，满足孩子的要求。交代好了孩子的家长，我想，我有必要采取第二步了。

第二部曲，生活中的嘘寒问暖

上成同学的体育成绩特别好，我把我们班级体育课做了标注，每次上体育课，我就站在操场上看着他进行各项体育锻炼。打篮球时，我会充当他的粉丝，为他鼓掌；跑步得了第一名，我会在终点为他呐喊、加油；跳远得了第一名，我会为他祝贺。渐渐地，他感受到了我为他的付出，他那叛逆的心也开始有了融化的迹象。因为他家离学校较远，他在学校就餐，每次中午在学校就餐的时候，看着他在那里狼吞虎咽地吃菜，我总是有意无意地端着自己的菜，拿着自己的馒头坐在他的旁边和他一起吃，和他聊一聊他的愿望、回忆，聊一聊他下一步的想法、和同学之间相处的关系。这样，他内心的冰开始融化了。一次事件彻底改变了他，那是元旦，学校要进行一次篮球比赛，我在班级动员，我们一定要发挥出自己的最高水平，体育成员特别好的他担任我们班的主力。我把他叫到办公室，让他带领班级球队，他点了点头，表示一定不负众望。这时我看到了希望，也知道了突破点在哪里，从体育上入手，让他找到自己的闪光点，让他开始融入班级，让他抛弃那个曾经叛逆的自我。果然不负众望，球队获得了第一名，从此之后，一个又一个活动、一张又一张奖状证明了他的优秀。然后我与他母亲沟通，鼓励她周末带孩子去爬金牛山，带孩子去逛公园，带孩子去买书，让孩子再次感受到母亲的关爱。

孩子那个叛逆的心灵，终于开始回归。教育无小事，我们需要用心、用情去温暖孩子，去教育孩子。所以，作为班主任，我们要用自己的爱，自己的大爱之心，博爱之心，温柔之情去温暖、去融合、去融化每一颗正在成长的种子，培养一个又一个健康阳光的少年。

学困生

今年开学时，班上转来了一位名叫小刚的外地学生，我查看他的素质报告单，发现学科课程评价都是未合格，活动课程和个性心理素质都是一颗星，即最差。老师的评语从头到尾没有提到一个好字，左看右看找不到他的优点。我怎么也不敢相信，世上竟然会有如此差的学生。在此后与家长的交谈中得知，孩子平时较贪玩，学习不认真，成绩不好，不听老师的话，时常有违纪行为。他在家里最爱玩打枪的游戏，各种各样的玩具手枪的名字，连他爸也叫不出，可他却能一一叫出名儿来。一提到枪，他就来了劲儿，像一位专家在一本正经、津津有味地讲课，讲得甚是精彩。我与他们原学校联系，得到资料反映，这位学生确实有各种各样的问题，是全校数一数二的调皮捣蛋、不爱学习的"学困生"。

其实在学校教育中，学生表现出的个性差异、成长先后、进步快慢，是完全正常且合乎规律的。俗话说，十个指头各有长短，每个手指都发挥着自己独特的功能，我们不能用一个标准、一把尺子来衡量所有的学生，不仅违背了青少年成长的发展规律，还会刺伤学生的自尊心，造成他们的自卑心理，甚至使他们逐渐滋生逆反心理，十分不利于他们的健康成长。这种教育方法，甚至会影响到一个学生一生的发展。

　　记得有一次上公开课，课程的内容是口语交际"身边的文化遗产"。当我问："昨天老师带同学们去寻找身边的文化遗产，找到了什么呀？"小刚第一个举起了手。真是难能可贵，我毫不犹豫就把机会给了他，谁知他起立后，满脸通红，吭哧了半天，嘴里嘟囔着："找身边的文化遗产，找……找……"同学们哄堂大笑，我知道此时他最需要什么，于是我面带微笑，走到他跟前，摸了一下他的头，说："你今天表现很好，第一个举起了手，真勇敢。不过你应该先把问题想清楚再举手回答，相信你下次一定能注意，是吗？"他点了点头，坐下了。课继续进行着，当我又问"谁来完整地描述这幅图？"时，小刚又一次举起了手。我从他那骄傲自豪的神情中断定，这一次，他肯定能答出一点儿什么。谁知叫到他时，情况比第一次更糟糕，他耷拉着脑袋，好像犯了什么大错误似的，就是不说话。我沉住气，亲切地对他说："小刚，老师知道这一次你肯定把问题听清楚了，是不是心里紧张，怕答不好。"他点了点头，我又说："老师相信你是很棒的，要不要再试一试？"他又点了点头，还是一个字也答不上来。我并没有因此而放弃他，因为我相信，他也渴望成功。果然，当我第三次提问请他。答时，他竭力地表述了自己的答案，迈出了成功的一步，全班同学不约而同地热烈鼓掌，而他红彤彤的脸上也露出了兴奋满足的笑容。

　　由此我想，这些学生学习成绩不理想也不完全是学生本身的原因，学校教育方法不当也是导致学生某些方面没有进步的原因之一。有人说："只有不会教的老师，没有教不会的学生。"这种说法或许有些片面，但从另一方面说明了优良的育人方法对学生的进步成长具有重要的意义。有些老师，恪守旧的"听话教育"观念，片面地评价一个学生，要求学生一律服从自己的意志，很少检查自己的育人方法是否恰当，学生的言行如与自己的相悖，便认为他是"不听话"的学生，是"差生"。其实，这些"不拘常理"的学生之中，有许多是具有创新精神的"苗子"。有些老师的教育方法简单粗暴，缺乏那种"随风潜入夜，润物细无声"的教化之功，缺乏以理服人、以情动人、以行感人的方法，影响了工作效果。

我们要正视学生之间的差异性，分层、分类实行教育，因材施教，确保把全体学生带向成功的彼岸。

一片碧海蓝天

儿时，我就梦想自己长大后能成为一名教师，因为我知道教师是光辉的职业。如今，我终于拿起了教鞭，站在三尺讲台上开始书写自己的人生了。是呀，梦圆了，我的心里好不惬意。初为人师，我就担任了班主任。在工作中，我有过喜悦，也有过难过。酸甜苦辣交织在一起奏成了人生的交响乐。不过，我坚信自己能做一名优秀的教师。因为我爱自己的事业，我爱自己的班级，我更爱自己的学生。

多年的教学工作，我感到应试教育的弊端如果再不控制，势必会影响正常教学。一些学习成绩稍差的学生经常遭到歧视，这类学生往往不受老师重视。为了提高成绩，有些教师在算班级总成绩时会排除他们的成绩。我觉得这对他们是一种人格的侮辱。这样下去，会严重地制约学生正常的身心发展。

我曾听说，法庭上常安排一些人旁听，可未曾听说在学校需要设置一些旁听生，我真担心这些"旁听生"要旁听到何时。我呼吁我们老师，尤其班主任老师赶快转变教学方法！还学生一片碧海蓝天。

其实，想挽救他们，我想方法是很多的。努力就应得到肯定，学校不应把学生分成三六九等。因为每个孩子受到家庭和社会的影响不同，逐步形成各自的性格。在学校的教育中，学生表现出个性差异，智力发展和进步又有先有后，有快有慢，是正常的，常言道："伸出五指，长短不齐。"我们不能用一个标准、一把尺子来衡量所有的学生。从育人效果看，这不仅违背了青少年健康成长和发展的规律，还容易造成他们心理上的自卑，甚至使他们逐渐滋生逆反心理，十分不利于他们的健康成长。

我们应从推进素质教育着眼，从一切为了学生的健康成长出发，正确评价学生，转变观念。应该认真地去研究学生，得出正确的结论。自卑—厌学—拒教，是学困生的三大特征，自卑是学困生的认识特征，厌学是学困生的情感特征，拒教是学困生的行为特征。只有了解学困生的特征，了解学困生的心理障碍及其产生的原因，对症下药，才能有的放矢地做好学困生的转化工作。

"动之以情，晓之以理"，是坚持正面教育的工作方法，也是做好学困生思想工作的出发点和立足点。但是无论怎样，坚持正面教育，仍不失为行之有效的途径之一。

我曾遇到过这样一个班，初三（3）班过去是全年级的"难管班"，许多教师一谈起这个班就头痛，班主任一换再换，可是我却毅然承担起这个班的班主任工作。经过调查摸底，全班50名学生中，学困生占40%，单亲学生占15%，班级的课堂纪律极差。面对这种情况，我并没有急躁，而是主动与孩子们交朋友，一起做游戏，用爱心架起了一座心灵沟通的桥梁。

一次，小辉在校园玩耍时，不小心扯破了裤子，不敢回家。

放学后，我把小辉领到自己的宿舍，当了一回"妈妈"，给他缝补了裤子。此后我又经常对小辉进行个别辅导，使他由一名学困生转化为了中等生。

在教学上，我采用"激励"教学法。课堂中不断激励学生走向成功，这样既活跃了课堂气氛，使学生学到了知识，又让学生感受到了老师的关注与关爱。在我的努力下，学生们不再把学习当作一件苦差事，而是主动去学，认真去听。这个班在第一学期就摘掉了"难管班"的帽子，受到家长的一致赞誉。

成功的支点

伟大的科学家阿基米德有这样一句名言："给我一个支点，我就能撬动地球。"曾培养出了我国第一位听障少年大学生的周弘先生说："赏识，促使成功，抱怨导致失败。"这是何等豪迈的话语，何等精辟的语言。教育学家认为，任何孩子都是主动发展者，有一种先天发展自己的驱动力。那么，教育最重要的成功就是让学生"觉醒"，让他们知道自己是有前途的，认识自己，开发自己。成功的教育是在承认差异的基础上扬长避短，想要做到这一点，最佳的方法就是"赏识"。赏识教育就是教师通过对学生的了解，以宽容之心去暗示、提醒、督促、激励他们，使之获得成功。

应该说，我们教师或多或少地都在实践赏识教育法，只是太多的因素抵消了它的作用。然而我们不可以只强调理由，只有打好赏识教育的持久战，才能使我们的学生由璞变成玉。

近些年，我一直在探索着赏识教育之法。

一、赏识，让孩子心情愉快

记得罗亦奇老师说："罚站、罚抄是老师的失败。"这话很有道理。学生因小小失误，被罚站或罚抄作业若干遍，他的情绪一定不好，即使他按老师的要求做了，也没有任何效果，因为全班学生坐着听课，只有他站着，不搞恶作剧就不错了，还有好心情听课吗？别人写一遍作业，他要写几遍甚至几十遍，这时，学生已经成了抄写的机器，大脑中一片空白，只是在浪费了纸张和墨水以及宝贵的时间。我有一个学生叫小夏，他的成绩处于中下水平，经常不完成作业。某天上课叫我抽他回答问题（很简单的问题），他不会，我说："请坐，不过，下课来办公室，我给你补课。"当时我并没留意他的表情，继续上课。回家后，他对母亲说："我有点儿喜欢吴老师了。"母亲问他："为什么？"他说："今天上课时提问我不会，吴老师没像别的老师那样批评我，让我站在那儿，而是让我坐下，下课单独给我讲了这道题，我心里感觉好极了。"他的母亲把这番话告诉给我，引起了我的深思。是呀，成年人需要有一个好心情才能更好地工作，孩子也需要一个好心情才能更好地学习。从此，我特别注意学生的心情。例如，开学第一次作业本上，我除了批改作业，还留下了鼓励的话语：聪明的你，会学得更好；初三了，祝你学习更上一层楼；初中最后一年，老师祝你成功；相信你，成绩会再提高等。全班几十人，无一例外。发作业本时，有一位同学打开作业本发现了批语，认真看了起来，传本的速度立刻慢了下来，有的学生不但看自己作为本上的批语，而且把别人的拿来看，还有的学生看完放进书桌，一会儿又拿出来看一看。我特意给他们几分钟时间去感受，发现全班学生脸上都露着微笑，于是我开始上课了。整节课，师生语言的交流、眼神的交流都好极了，自然提前完成本节课的教学任务。学生都说："这样的学习我们喜欢。"

二、赏识，促使学生更好地表现自己

人活着，不仅需要穿衣、吃饭，更需要精神上的鼓励。有人曾做过这样的调查，由于家长太忙，对刚出生的小孩，只满足他吃饱、穿暖，结果孩子的智力发展缓慢；相反，对刚出生的孩子除了满足他吃饱、穿暖的需求外，还经常对他说话，逗他高兴，他的身体就更健康，智力发育也很正常。受了这些实例的启发，我在教学上特别注意学生的点滴进步，每次考试后，我都对有进步的学生一一提出表扬。这种方法对学习成绩就差的学生特别有效，因为学困生并不是笨，而是上课没专心听讲，从小养成了上课玩耍的坏习惯，基础太差的缘故。学生小吴，初一写作文时，只能写100多个字。有一次他写了400多字，我在班上好好地表扬了他，他为了下次能写出比400更多的字数，坚持写作，一路升上来，毕业时他的作文多写了800多字。我问他怎样改正了怕写作的毛病，他说："怕下一次没写够字数，听不到老师的表扬。"赏识教育促使他更好地表现，不断地进步。如果我们能做到，在学生学习生活中发现一丁点儿智慧的闪光，就将班级思想家的桂冠戴在他头上；学生解对了一道难题时，就当堂演示他的解法，并命名为某某解法，那么我们的教育就一定会成功，我们的学生就一定会成才。

三、赏识，让学生初尝成功的喜悦

在赏识教育的指导下，我任教的班级的语文成绩总是名列前茅。2010年送走毕业班后，我到初二担任两个班的语文教学工作。由于四班生源较差，而我调进教科室工作后，忙着熟悉新工作，只是按常规教学，忽视了与学生的情感交流，半年后四班的语文成绩在八个班中排名靠后。这一现象引起了我的重视，利用寒假，我思索着开学如何调整教学方案，我认为只有赏识教育才是成功的教育，于是后半年我注意了与学生的情感交流，学生的点滴进步都被我批注在作业本上。越来越多的学生都想作业本上得到老师批注的"大红优"，作业越写越好，返回改错的作业本逐渐减少，课堂教学反馈极佳，学生状态也逐渐提高，学期末，回班的语文成绩出乎意料得好。当我把这个好消息告诉学生们时，学生们沸腾了，他们互相击掌，以示祝贺。为了表扬他们，我没有布置语文暑假作业，学生们更是高兴，表示下学期一定更好地学习。赏识，让学生尝到了成功的喜悦，提高了自己的信心，同时也增强了集体荣誉感。

四、赏识，铺开了学生们走向成功的路

社会上的每个人，尤其是青少年，都存在着差异，不承认差异的教育是不会成功的，苛求往往会损伤学生自信心，严重影响他们的学习潜能和学习兴趣。

记得一位企业家说过，提起今天取得的成功，他特别要感谢中学的班主任，是这位老师当年没有嫌弃这个穿着简朴、成绩一般的农家子弟，因势利导，他的组织才能得以施展发挥。高考成

绩不理想，他没有因为一时的不如意而消沉，在老师的帮助下，把失败当成一笔宝贵的财富，在自己人生道路上创下了一份光彩。

一个合格的教师，应该像企业家说的那位班主任那样，不仅向学生传授科学文化知识，还要教会学生如何雕琢自己的人生。人是会变的，今天是一株蓬草，明天可能是一棵树。教师的天职就是因材施教，促其成才，让我们把赏识给学生吧，让它成为学生撬动人生走向成功的支点。

动之以情，晓之以理

班主任工作要动之以情，晓之以理。要尊重学生，不挖苦讽刺学生，不歧视学生，时刻关心学生的疾苦，关心他们的进步，维护他们的合法权益，公正地对待学生，多给学生讲道理。

记得我班学生大亮因父亲病故，郁郁寡欢，我多次找他谈心，并倡议全班同学帮助他，让他重整旗鼓，他并以优异的成绩考入县一中。又如我班学生小娟，被社会青年整天纠缠，她被威胁不敢向教师直言，我通过观察，发现这件事后，找她谈心并鼓励她："被人喜欢，不是你的错，说明你有很多优点、应该高兴才是，我希望你时刻想到自己的不足，现在是学知识，长身体的时候，应排除干扰，只要学到本事无论何时被人喜欢。"并告诉她，有学校和教师做后盾，别人不会把她怎样。学校通过与那位社会青年的家长多次联系和沟通，最后解决了这件事。前不久，这位考入幼师学校小娟同学来信写道："我不是最好的学生，您却是最好的老师，这不是最珍贵的礼物，却表达我最诚挚的谢意。加减乘除，算不尽您滴滴汗水；诗词歌赋，颂不完对您的崇敬热爱，刻在石头上的名字也未必流芳百世，老师，您的名字却刻在我的心灵上真正永存……老师，虽然你我天各一方，这份师生情，岂是滔滔江水漫漫岁月所能割断的……"读到这里，我情不自禁流泪了。

班主任要加强家长和学生的思想教育工作，严格控制学生流失。班主任对家长也要以情动之，以理晓之，必要时要进行家访。一年来，我与家长联系达100多人次。我班学生小峰因与家长闹矛盾而不想读书，我在双休日冒雨去了他家，他的家长不在，我等了5个多小时，虽然家长不想见面，但最终被我的诚意打动了，我与他们父子俩沟通了思想，还许诺为小峰义务辅导。功夫不负有心人，小峰同学不但没有辍学，还改正了打架、打牌、上网吧等不良行为，并在我校田径运动会上获得三项第一，毕业后升入职高。

一年来像这样与家长和学生的频频交往使我不知放弃了多少个双休日，不知打了多少次电话，如厌学的小娜、仕娅、小超、亚杰，家庭经济困难的小刚、娜娜，家长欠关心的小美，还有调皮的小良、小异等12名学生均留下来参加了初中毕业考试。

班主任工作虽艰难，但有苦也有甜，给我带来了无穷的乐趣。我们作为班主任，本着平易近人、耐心细致的态度，一定会做好班主任工作的。

良药香甜

初一年级学生年纪小，自控能力差，容易犯各式各样的错误。

从其自觉不自觉的角度来分析有两类：一种是自觉但又不能自制的错误，另一种是不自觉地犯错误。学生绝大部分错误属于第二类：不知不觉迟到了；不知不觉损坏了公物；不知不觉触犯了校纪班规……

我们的职责是教书育人。一方面要向学生传授科学文化知识；另一方面我们要塑造他们的人格。培养他们积极向上、努力进取的精神和坚韧不拔的意志，教会他们如何做人。面对学生所犯的错，教育工作者应该怎么去处理呢？在工作中我们可能会因工作忙，或因心情不好，便急躁，看到学生犯错误，感到意外、生气，缺少足够的心理准备，靠"吼"或狠狠地批评教育学生。这样教育的结果让师生双方都不愉快，学生没有正确认识到自己的错误，进而产生逆反心理。

在处理这类问题时，能不能换一种方式呢？我想是可以的。俗话说："良药苦口利于病，忠言逆耳利于行。"它告诉我们，要站在理智的角度，站在较高层次思考"良药"与"忠言"。事实上，良药并非越苦越好，忠言也并非越逆越好。我们在工作中就应该想办法让良药不再苦口，甚至变得香甜，让忠言不再逆耳，也就是说，我们在批评犯了错误的学生时，假如只批评其错误，不肯定他的长处，他就会不服气。所以我认为在批评学生时，在指出他的不足之前，可以说说他的长处与取得的成绩或某一方面的进步，鼓励他用七分的成绩去战胜、克服三分的缺点。这样，犯了错误的学生一定会认识其所犯的错误并会努力改正的，以后的学习还会更加努力。

我有这样一个例子，能说明这种教育方式的效果。我班的一名学生叫小乾，这孩子贪玩，个性强，在班上是个典型的小淘气。我便试着与其谈心，对他进行全面了解，并且在教学中经常鼓励他，只要他有一点点的进步就在班上表扬他。通过半学期的努力，这孩子各方面都有了明显的进步，对老师也他信任。可是据家长反映，这孩子在家中还是旧模样。在与他父亲的多次接触中，我了解到他父亲是一名村主任，在当地是一名很有威望的人，他对儿子寄予了厚望，所以对其教育非常严，正如他自己的说："这孩子贪玩，性子又烈，不像我们小时候懂事，那样肯吃苦，于是我就时常批评他，甚至揍他。"孩子不服气地说："都什么年代了，这样比不是太不公平了吗？"看他不服气，他父亲便将他多年来所犯的错误一件一件地说出来想堵住他的嘴，让他服气，可效果一点儿都不好，口头上他不反驳了，但他心里仍不服气。他父亲说："老师，这孩子挺佩服你的，你说我该怎么办？"我说："你换一种教育的方法吧，批评多了，会使孩子的自尊心受到伤害，进而产生逆反心理。我们不妨设身处地想一想，如果自己有了一点儿过失，领导批评时，便将过去所有的失误历数一遍，你会服气吗？更何况一个各方面尚未成熟的孩子呢？"他父亲说："唉，确实是，孩子读书也很不容易，从家到学校，每天早起，收拾一下，吃点儿东西，就去上学，下午4点左右才回家，也够辛苦的。可他还信心百倍，不怕苦，不怕累，细想起来，这精神也确实可嘉，我平时怎么没想到这些呢？"几个月后的一天，孩子的父亲在赶集的路上又遇到了我，他高兴地对我说："孩子进步了，肯听我的话了，性格也开朗了，遇事也肯和家人商谈，还常与我说心里话。"

当前，学校工作随着时代的发展发生了很大变化，这对我们的工作又提出了更高要求，若我们还是按照一些陈旧的方法来处理新问题，那就很难让学生心服口服，也不能取得好的教学效果。所以，我们在工作中，只有不断地探索，积累经验，才能解决好一些教育、教学中出现的新难题，才能不负社会赋予我们的重任。

糖的神奇

早读课上，同学们都在认真背诵，我忽然发现一个同学在吃糖，吃得津津有味。我走过去一看，书桌里满是糖纸。大早晨吃糖，我顿时想大发雷霆。"还有糖吗？都拿出来吧！"他从书包里拿出两块递给我。我发现他给我的两块和他吃得不一样。"还有吗？"他摸摸上衣口袋："老师，这些是给别人买的。""都拿出来给我，别管是谁的！"他很不情愿地都给我了。

"你特别喜欢吃糖吗？"他点点头。"我认为上课不该吃！"他又点点头。"这样吧，课本上刚学过的文言文和古诗每背过一篇我就还你一块糖。""好的。"他坚定地回答！接下来的时间我把糖放在讲桌上，他非常认真地背诵，找我最信得过的科代表给他检查，背得很好，我还给他一块！……一个早读的时间，一单元的文言文他几乎都背过了，我很佩服糖对他的诱惑力！我的怒气渐渐消失，开始佩服自己在管理学生上的进步，同时也很佩服这个孩子：真聪明！

以前学生生气，学生表面上服从，背后依然我行我素，既伤害了自己还收效甚微！于是我试着改变自己。老师是良心职业，有些学生不管不行，怎样在不生气的前提下管理，做一个学生喜欢的老师，这是我永远的课题！

路漫漫其修远兮，吾将上下而求索！

将错就错

那天，马上要上自习了，可教室里还乱哄哄的。为什么呢？原来当天的值日生没有擦黑板，于是，同学们便"群起而攻之"。

听了报告，我的气也不打一处来：好个值日生，真行啊，再说了，班干部都干啥去了？即使值日生没有擦黑板，你们也应该做出安排呀！唉，现在的孩子真没办法！

我实实在在想批评他们一顿，而且是狠狠的。我一进教室，学生们已经感觉到了一种"山雨欲来风满楼"的气氛，教室里顿时鸦雀无声。就在我走上讲台的一刹那间，我突然意识到，此刻批评他们尽管无可厚非，但教育效果不一定尽如人意，不如来个将错就错！

于是，我没有说话，在全班同学的注视下，拿起了板擦擦黑板，望着学生们愕然的表情，我暗自高兴，教育产生了效果。果然，当天下午，值日生和卫生委员主动向我认错，并要求再值日一天。我不仅没有批评他们，还表扬了他们承认错误、改正错误的勇气，并及时召开了一个5分钟的小型班会。我对学生们说："如果我们现在连擦黑板的责任心都没有，那么将来能为国家做什么呢？要想将来有所作为，现在就从擦黑板做起。"学生犯错误是难免的，实际上一个人的成功往往从改正错误开始，如果我们能充分地、正确地对待学生的错误，善用教育的艺术，就会收到事半功倍的效果。

一封信

新的学期开始了，面对一张张略带稚气的孩童的脸庞，我突然有一种责任感，他们是一个个家庭的希望，是具有独特个性的生命体，是祖国的未来。肩负责任，我该如何带领班级前进呢？

记得美国著名心理学家罗森塔尔说，当一个人得到赏识时，他的心里就有了一种成就感，就会对未来充满自信，进而努力地追求成功。教师的心里有了这个理念支撑，就需要一种恰当的方式，将理念运用在日常班级管理之中。

新学期的时间在流逝，正在山重水复疑无路之际，9月10日教师节，我收到了往届学生的祝福短信，突然来了灵感，为了鼓励这批孩子，何不运用信的方式来表达效果呢？用写信的方式给孩子家长写信，以此来激励孩子成长，为此进行周密的谋划。为达到预期的效果，大致分为三步走。

第一步，舆论造势

我怀着激动的心情走到县邮局，买了500个信封和十本信纸，为了能使自己的思想转化为教育生产力并达到良好的效果，我专门召开了一个书信班会。在班会上，我明确告知学生，从现在开始，每周选出表现较好的三名同学，我将亲自给他们的父母手写一封信表扬他们，表扬的内容可以是成绩，可以是纪律，也可以是音、体、美、信，还可以是好人好事等。这种宣传的是正能量，具有正面导向作用，得到了同学们一致的认可，同学们的兴致一下子就高涨了起来。

班会后，每个同学都积极地展示自己，我多次找任课老师交流，他们都说我们班的课堂纪律严明，课堂气氛活跃，学生积极回答问题，主动帮老师拿教学用具等，得到的是一片赞誉。这时，我喜在心里，一封信的作用开始发挥，调动了大部分同学们的积极性，有了良好的前期预热，我开始了第二步行动。

第二步，典型塑造

周一清晨，小萱同学第一个来到班级，只见他放下书包，手拿书本，端正地坐在凳子上，大声地背诵起了文言文。班级同学陆续来到教室，看到小萱的表现，也拿出语文书，大声背诵起来。这时候距离上课还有十几分钟的时间，正是教育的好时间，我临时决定召开一个小晨会，会上我表扬小萱同学，第一个到班级，来到班级没有浪费时间，而是投入学习，这种勤奋、认真、好学的精神是我们每个人都要学习的榜样，然后我宣布本周的第一封书信写给小萱同学的父母，全班同学投来了羡慕的目光。

实践证明，这个方法是对的，自此，每到周一，都是我们班级传出琅琅的读书声，这是鼓励的作用，这是一封信的力量。

又是一个平常的课间操时间，体育场上的广播口令已经响起，想必全班同学都已经放下书本，匆忙下楼赶往操场。队伍很快集结完毕，伴随着号令，整齐的步伐，洪亮的口号响彻运动场的上空，班级队伍有序急促地前进。突然，晓慧同学一闪出了队列，俯下身子蹲在地上，我急忙跑到她的面前，此时晓慧同学的脸色蜡黄，豆大的汗珠挂在额头上，双手捂着肚子，疼得咬紧牙关。我当即猜测可能是学生的生理期到了，赶快拦下三班的凤琴老师，让她前往询问。果不其然，晓慧同学因生理期而肚子疼，我和凤琴老师把晓慧搀扶到操场的边上，安慰着她。我也禁不住问了句："知道自己身体不舒服，为何不请假，还要跑步？"

她看了看我，低声说道："吴老师，我们班有三名同学请假不上操了，如果再有人请假，体育部就会因人数不足扣我们班级的量化分数，我想坚持跑完步，不让我们班级丢分。"瞬间，我全明白了，多么善良的孩子啊，为了班级荣誉，宁肯肚子疼也要坚持出操跑步，有这样的学生，何愁班级不优秀？晓慧同学感动了我。很快，出操结束，我立即集合队伍，在操场上开了一个小型班会，为了班级荣誉，出操的晓慧同学成了优秀典型。班荣我荣，班耻我耻的班风正是这样点点滴滴积累起来的，最近我们班的集体观念极强，形成了人人为班级争光的优良班风。

下午，一封家信应运而生，晓慧是几十封书信代表的一员，自此之后，一封封书信如同雪片一样飘入班级孩子的家中。随着书信的书写，班级学生的精、气、神更加振奋，每名同学都能得到赏识和尊重，这就是一封信的力量。

第三步，爱心箱

随着对学生闪光点的挖掘，书信也日益增多。鼓励的信发出去了，我总是感到少了些什么。如何让书信激励的力量有持续性，成为学生持续不断地向优秀迈进的加油站？我陷入了沉思。"山重水复疑无路，柳暗花明又一村。"当我经过邮局之时，看到挂在大厅门口的邮箱？我茅塞顿开，为何不在班级悬挂一个透明的信箱，返校后，我把写给学生家长的一封封书信重新做了规划。我给学生的家长写信，家长必须回信，回信让学生再带回班级，投入班级信箱，让学生有双重的成功感和自豪感。期末，我将班级的信箱打开，计算哪位同学得到的最多，谁就能够被评为优秀。我将这些想法告诉了学生，班级学生欢呼雀跃。随即，一个特别的透明信箱悬挂在了教室后墙，接下来的日子，同学们都如同嗷嗷待哺的小燕子一样，等待着自己的书信增多。

日子在一天天流逝，书信在一天天增多，纪律在一天天严明，学习在一天天进步，一切都在春风化雨般地变化着。结果呢，不用我在这里陈述吧，优秀班集体自然花落我班。

情境教育

著名教育家韩凤珍说过："难教育的孩子，都是失去自尊心的孩子；所有好教育的孩子，都是具有强烈自尊心的孩子，教育者就是要千方百计地保护孩子最宝贵的东西——自尊心。"充分运用课堂情境进行维护学生自尊心的情境教育，是使学生主体性得到发挥的一个重要的内在条件。

一天上午第二节语文课，学生起立落座后，我发现第一排第一桌前的书和文具撒了一地，又是一次课堂突发事件！而坐在第一桌的祥丽同学的课桌上却空空如也，问是谁的书掉在地上了，她也不答话，继续深究下去，势必影响课堂教学，不闻不问也不行。于是我先叫同学们把上节课的作业放在讲桌上，以免耽误课堂教学时间，收作业的同时我用眼角的余光看到祥丽离开座位，只捡起了地上的语文书就回到了座位，看上去很委屈的样子。收完作业，我便问她是怎么回事，只见她鼻子一酸，泪水夺眶而出，抽泣着道出了原委，原来是小平推慧林去撞她，两名男同学被点名站了起来。其实发生这种情况只不过是课间嬉闹过火的结果，按常规三人都免不了被批评，但这样教育的效果不佳，于是我让慧林先把书和文具捡起来，看到这两个捣蛋鬼忐忑不安，显然知道自己错了，而祥丽还在抹眼泪。于是我便让他们说出自己错在哪里，并让慧林向祥丽道歉，但慧林走到祥丽面前，却是"金口难开"，那忸怩的神情把全班同学给逗乐了，祥丽也抑不住笑了一下原谅了慧林。各自归位后，我便开始了新课的讲授，讲课的过程中我发现三位同学都比以往认真，没出现怄气的样子。

能取得这样的教育效果，主要是因为我维护了他们的自尊心，是充分关心尊重他们的结果，假如我不分青红皂白地训斥了他们，教育效果是没有这么好的。

只有创造出和谐民主的教学环境，学生才能自由地求实、求索、求真，因为教学效果不仅取决于教师的业务能力，更取决于师生之间相处得怎样。如果一个学生对某位教师有成见，出现师生关系障碍，这个学生就不可能学好这门功课。教师要赢得学生的信任与热爱，就必须做到关心尊重每一个学生，这是提高教学质量的基础，是发挥学生主体作用、创设良好教学环境的前提，学生只有在没有压力的环境中，才能将自己的主体作用充分发挥释放，从而体现出其独特的主体地位。

综上所述，我们教师在教学过程中，应抛弃那些简单粗暴的教育教学方法，转变教育观念，巧妙运用情境教育，突出学生的主体地位，使学生将学习转化为一种积极的内在的自主行为，达到教育的良好效果。

教人交心

我自从接手初一年级，就发现班里有不少怪现象，总结一下：不遵守学校纪律的多、不写作业的多、不爱读书的多，上课举手发言的少、学习好的少、适合当干部的少。对于我有些不知所措. 怎样才能把这些"怪病"治好呢？我经过了解，细心观察，准备从顽固处动手，打开缺口。

班上有一个男生，头脑灵活，但他没有把灵活用在学习上他总是不写作业，上课爱说话，小动作特别多，爱打架。他是一个家庭条件比较好的学生，还是独生子，他的家长认为为只要孩子身体健康，长大了能挣钱，不一定非得考上大学才有出息。由于家长的影响，这孩子在班里是"无事生非"，我每天走进教室，都有学生向我告状。从事工作十几年，我没有遇到过像他这样的学生，一点儿上进心都没有。我批评一他，他也面不改色，好像老师对墙头说话，我实在没有办法，就向学校反映了这一情况，学校把他的家长叫到学校，对家长说："你的孩子不是一个笨孩子，而是一个聪明伶俐的孩子，老师都是为你的孩子好，这样下去，将来会如何呢？你想过没有？"此话敲醒了家长，他面带愧色找我交谈，说出了他的肺腑之言，他说："我在外边忙个不停，没空照顾孩子，爱人爱打麻将，得知孩子不争气就打一顿，孩子有气，就到学校发泄在同学身上。"我看他是诚心诚意的，就给他出了个主意，怎样抓孩子的学习。首先抓完成作业，其次抓早晚阅读，为了监督孩子完成作业，家长要在孩子写完作业后签上自己的姓名。由于家长忙，做不到每天如此，该生的学习成绩时进时退，效果不太好，我看到这些实在高兴不起来。

有件事启发了我，有一天，下大雨，同学们都三三两两打着伞走了，唯独他坐在教室里，他想：他的妈妈一定会来送雨伞。结果他的妈妈没来，他正在发呆，这时同班的小宁打着伞走进教室，对他说："这把伞给你，今后不要忘了带伞，淋雨要感冒的，会耽误学习。"说完，把伞递到他手里，他们一同回家了。看到同学能关心他，我作为老师却没想到这些，我有些惭愧，于是有了后来的谈话："是老师工作没做好，让我们一起努力吧！"孩子需要老师、家长、同学的帮助、理解，如果用强硬的手段，只会起到相反的作用。

从那天起，这位同学像变了一个人，作业也能按时完成了，与同学也能和睦相处了。我看到这些，也改变了教育方法，用信任、鼓励的言语对待所有的同学，使他们的精神面貌发生了变化，不遵守纪律的同学少了，每位同学都能按时完成作业，上课也能积极举手发言。

班里顽固的"堡垒"攻破了，班风也彻底改变了，大家在学习上，互相帮助，好人好事层出不穷，全班同学一条心把班级工作搞得热火朝天，多次受到学校领导的好评。

通过这件平凡的事，我明白了"教人要交心，浇树要浇根"的道理，也明白了教师也要向学生学习。用虔诚的心去对待学生，就没有搞不好的工作。

别样批评

　　每位班主任老师可能都有过这样的体验：有的学生只因你批评他一次就对你"敬而远之"，而有的学生你批评他一次却对你感激终身。同样的批评却产生两种截然不同的效果，原因何在？我们作为班主任，很有必要对学生思想工作中批评的方式、方法深入地探究，科学地运用批评的手段，使其产生最大的效益帮助学生健康成长。

　　教师要做批评和自我批评的楷模。我们的学生对待批评往往有两种心理：一种是认真倾听，持闻过则喜的态度，做到有则改之无则加勉；另一种则是以为受批评是不光彩的。作为教师，我们的一言一行对学生起着潜移默化的影响，对待批评应采取第一种态度，以良好的师德修养做批评与自我批评的楷模，创造批评和自我批评的良好环境。

　　一次由于孩子生病，牵扯了我一部分精力，我对班里的工作过问得相对少了一些，致使各项工作一度落在了兄弟班的后边，一部分学生就给我提出了"不关心我们"的批评。面对学生的批评，我在一次班会上主动做了诚恳的自我批评，并对提意见的几个学生给予表扬。这次班会后，关心班集体的同学逐渐多起来，师生关系进一步融洽，我抓住这个机会积极开展工作，班级各项工取得重大的突破。这件事对我触动很大，以后，我每接一个班的班主任都会在适当的时机召开一个特殊的班会，让学生给我写鉴定，特别强调要指出我工作中的缺点。这项活动的效果非常好，我记得一个学生曾这样写道："上了这么多年学，还没有过一个教师让学生批评自己的，我对您更加尊敬了。"由于我自觉进行批评和自我批评，为批评工作开展打下了良好的基础。

怎么样运用批评呢？批评有不同的方式和方法，在运用时只有"对症下药"才能产生最佳的效果，达到预期的目的。因此，我们在运用批评时必须讲究策略和方法。

公开批评是一种在众人面前进行的一种批评，它的影响面大，多具有"敲山震虎"的警示作用，对不良现象的打击非常有效，但它通常只能对事不能对人，当涉及某个具体的人的问题时，原则上要采用背后批评的方法。

背后批评就是将被批评者调离众人再进行批评，使影响面减小的一种方法。它是我们尊重学生人格的体现，也是保护学生自尊心的一种方法。实践证明，对学生采用这种批评方式，当事人更容易接受，且可能产生意想不到的效果。

以前我教的一个班中有一名班干部，在一次课上他偷偷玩手机被我发现，当时我装作不知道，继续上课直到晚上我才把他找到办公室。问明情况后，我对他说："今天上课没有批评你是考虑到你的自尊，作为班干部，你的带头作用哪去了？"接着我又给他指出了玩与学的关系。这次批评对他的触动很大，他不但改正了错误，对班里工作更加积极，学习进步也很大。记得后来他在写给我的信中还提起此事："那次我以为您会当众狠批我一顿，但您没有，您对我的批评令我服气。"落款是："永远感激您的学生。"可见在尊重学生自尊心的前提下，采取背后批评的方式，其效果是不可估量的。

有时候，我们还需要严厉批评，严厉批评是针对较严重的错误采取的一种批评方法。使用时我们应当有理有据，义正词严地指出错误的严重性，让犯错误者意识到"只能一次，不能再犯"，并使犯错误者产生"猛醒"的效果。我根据自己的经验认为这种方法一般情况下不宜采用，相反，和蔼批评则经常采用。和蔼批评是在师生平等的和谐气氛下采用的一种批评方法。采用这种方法时，可让学生坐下来，师生边谈话边批评；另外，犯错误的学生也肯定有他的优点，因此批评时不能只是盯住他的缺点，而应采用先表扬后批评的方法，这样学生能愉快地接受批评，对帮助他们认识错误、改正错误起到了催化作用。

作为班主任，有时候我们还需要学会间接批评，间接批评是对错误现象提出批评的一种方法，它可减弱批评的冲击力，避开一些尴尬局面，特别是对那些悟性较强的学生和不便批评的学生。如：学生不爱劳动，我把老舍的文章《劳动最有滋味》读给学生；又如，有的学生贪玩，可以给他举一个以往学生因贪玩而影响学习以致一事无成的例子。这种方法，有时比直接批评的效果更好。

自我批评是自我认识、自我教育、自我提高的一种方法。它可培养学生自我批评的能力，提高他们的道德素质，自我批评最好以生活会的形式开展，因为在这种气氛下，同学们开展自我批评没有心理压力，会踊跃参加，又由于集体使用时，监督群体大，对学生自觉改正错误是有益的。个体使用时，一般是让犯错误的学生以先学习、后认识的形式进行。我班某学生违反《日常行为规范》的某些条例，我就没进行说教，而采用先让他自我学习，再自我批评的方法进行反思，同样，他也认识到了自己的错误。

总之，批评作为我们教育工作中不可缺少的一种手段，运用得当，就会获得良好的教育效果，对学生身心的健康成长大有益处。因此我们要认真加以探究，使之为班级管理工作的开展发挥有效作用。

家访

古语说："感人心者，莫先乎情。"初中阶段就已经存在一个数量较多的学困生群体。这些学生虽然也和别人一样坐在教室里听课，和别人一样每天做着作业，表面上接受着平等教育，但由于智力、原有知识水平和认知方式的差异，他们并没有得到适合他们的教育。因此，我们在工作中必须对他们进行家访。家访作为班主任工作不可缺少的环节，实施得好坏对能否提高教学质量有着关键的作用。作为班主任老师，我们在家访时，要讲究家访的艺术，掌握家访的方法，我在实践中总结出以下心得体会。

一、家访的语言、态度要带着关爱

家访的对象大多是一些需要更努力的学生，他们本来就对学习产生一些畏惧感，如果教师在家访时出现一些责问的语气，效果就会适得其反，我在家访时通常采用一些关切的语言作为师生交往的润滑剂。比如："你吃过饭了吗？"碰到家长不在家时，我便问："你爸爸（妈妈）去哪儿了？"有时家访，看到学生刚理了头发，换了新衣服，我会对他们说："你怎么剪头发了？""你的新发型真好看！""你的新衣服真漂亮！"……这样，一开始就让学生消除了对立情绪，产生对老师的亲近感，再向家长汇报学生近期在校情况。家访结束时，我会用期望的语气对学生说："如果你能像××同学那样认真做作业，你的成绩一定提高得更快。""如果你能坚持天天写日记，你的作文会很不错的。"……
总之，在家访过程中，教师的语言、态度友善，才会取得良好的
效果。

二、家访要多赞扬孩子的闪光点

学生对家访总有"向家长告状"的心理，因此，家访时班主
任切忌单纯向家长告状，而应多从学生在校表现中挖掘一些闪光
点。我班的小旭同学，经常拖延完成作业的时间，甚至有时不做
作业，同学们都瞧不起他，可我在工作中发现他的字写得好这一
优点后，便有意安排他出黑板报，然后公开赞扬他。为了改正他
的怕做作业的缺点，我对他进行了家访。家访时，我先向他的家
长表扬了他字写得好，肯为集体做贡献，然后再指出如果你能每
天按时完成作业，将会是老师和同学们心中的好学生。那次家访
后，该生再未出现怕做作业的现象。用赞扬来换取学生的自信，
这不正是我们所需要的吗？

教师只有在学困生身上找到值得爱的地方，才会真心实意地
爱他们。作为教师，我们应当把学生的学习的困难或失败乃至反
复出现的错误都看作是成长中的正常现象，用语言、行动去肯定
他们身上的闪光点，为他们加油、喝彩，激励他们克服困难，不
断进步，帮助学困生找回自信，找回自我教育的能力，重建精神
世界的大厦。

心理认同

根据班主任工作实践，我认为一个班级的健康发展是有一个过程的，即从个人互识到集体认同再到集体进步与个人发展的相互融合，初中生从各个不同的人学走到一起必然有一个互相认识的过程，他们需要彼此了解，建立起感情和友谊。而各个的管理方法与新学校的管理方法迥然不同，大部分新入学的学生初中学校会感到不适应，普遍具有抵触情绪。如果我们不分青红皂白，只要扣了分就批评他，势必会给学生造成极大的心理负担，使原本不适应的心理又增加了"教师凶巴巴"的阴影，这样会对学生的身心造成伤害。在有些方面我会给予学生理解和鼓励，让学生感到老师能理解他们。但是在有些方面我则是严格要求，丝毫不放松的，比如出勤、纪律等。

随着时间的推移，我对学生的要求也会逐步提高，学生也能从一次次的检查中不断地提高自我管理水平。我对学生的这种循序渐进、逐步要求的管理方法，初期成绩不甚乐观，但我的收获在于融洽了师生关系，促进了学生身心的健康发展。因为教育的本质在于促进人的发展，这一点必须要体现在每一个学生身上。

初一年级的小绪同学是推迟入学一个月的学生，又与初三的学生混住一个宿舍，极度的不适应在他身上表露无遗，学习上的差距令他无所适从。再加上他身体患病，又与同学们缺乏交流。因而他常表现出焦虑、烦躁，在自我管理上更是频频出错，扣分是常事。

我经常找他谈话，纠正他的缺点，甚至任课教师、领导也找他谈话，他也能认识到自己存在的问题，每次扣分，他都打电话告诉他妈妈，对自己的失误感到自责，但是总控制不住自己。后来我意识到并不是他缺乏集体荣誉感和自尊心，而是他身体的原因和学习的压力，令他无法有效控制自己。他适应新环境可能会更慢一些，我应该给他充裕的时间，慢慢地消除他的紧张与焦虑。在进入初二年级时，我将他调回本班宿舍，同宿舍的同学对他帮助很大，他的自我管理能力有了明显提升，很少扣分，身体状况也有了很大的好转。他父母就我对他的管理也表示了满意，说我很有耐心地一步步稳定了他的情绪，给予了他充足的时间改变自己。

所以，个人发展好了，有利于集体的进步，也有效地增强了集体的凝聚力。教育学生，管理班级，要给学生一个心理认同的时间，"欲速则不达"，坚定自己的教育信念，这样才能一步一个脚印地走向成功！

创造美好

大学一毕业，我就踏进了家乡的一所乡镇中学，挑起了班主任的担子，至今已过了一些年头，在这些日子里，我深深地感受到教书和育人之间的潜在关系。刚开始工作，面对这批淘气孩子"云集地"，原本以为凭自己十几年的班干部生涯和初生牛犊不怕虎的魄力足以对付这些初中生。但在亲朋好友的告诫下，我真的有些望而止步了，靠什么办法处理呢？于是乎，看着这班的同学，我只得重新制订我的计划。

是放弃这批孩子，任其发展，还是走"经验之谈"的道路呢？开学那一刻，我眼见这群特殊的花蕾，那一双双仍充满活力与期待的眼睛，我放弃了原本随其枯萎之念，我暗自下决心鼓励自己："要保持信心，一切都会好起来的！"不是有这样的说法吗？只有不会教的老师，没有教不会的学生。我要用自己的耐心、爱心去浇灌这片花丛，用自己的双手去开创属于自己的一片自耕地！

于是，我走了一条不同的教育道路——说教（心换心）。当然，教师必须具备德才学识的实力，才能获得学生的依赖，达到与学生共融的理想。所谓：打铁必须自身硬，开学之初，我以"良好的开端"为自己日后的成功做了铺垫。首先，我召开班委会讨论并制订具有本班特色的班规；其次，对班干部进行上岗前培训（使他们各司其职）；最后，对自己约法三章："勤手""勤脚""勤嘴"。正如车尔尼雪夫斯基所说："教师要把学生塑造成什么样的人，自己就应当是这种人。"对于像我们这样一所九年刚上初中的学校，学生由于视野较狭窄，他们更具有向师性，更易把他们最熟悉的班主任作为榜样学习。难怪老师们都说："吴老师，你班的学生举止言谈与你像极了！"这或许有些夸大其词，但也可以从侧面反映出班主任对学生的影响力。教育家赞可夫曾说："就教育工作的效果来说，很重要的一点要看师生关系如何。"的确，要想教育好学生，班主任必须要与学生融洽相处，彼此取得信任方能顺利开展工作。因此，我从正己开始，发扬谦虚、上进、勤奋、自我解剖等优点，克服懒惰、得过且过等缺点，处处以"为人师表"严格要求自己。比如，课余时间随时随地询问学生学习及生活上的情况及动态，及时为学生排忧解难。设立班级日记，开设班主任信箱，与学生进行沟通，认真批改周记（每本都写批语疏导，且用真诚和善意赢得学生的信任）。时时关心学生的生活，急学生之所急，帮助学生走出思想误区。设想一下：一位工作上兢兢业业，踏踏实实，从不迟到或早退的教师和一个缺乏敬业精神经常迟到的甚至旷课的教师，都批评了一个上课迟到的学生的话，学生自然会对前者的批评心服口服，但对后者则会拒绝接受。一些学生之所以对教师教给他们的某些道理持不相信、不认同的态度，就是因为他们通过其他途径接受了另外一些不同的道理。因此，教师本身须营造给学生一个正确的道德信念的氛围。

在近几年的班主任工作中，我发现学生的宽容意识还普遍比较差。班主任应对学生进行宽容意识的培养教育，使学生懂得"退一步海阔天空"，对他人的宽容是处理人际关系，和谐人与人、人与环境的有效手段。一个班集体里，如果同学之间没有团结友爱的良好风尚，没有和谐的师生关系，没有学生自身对他人宽容、谦让、友好的个性品质，就不可能形成一个优良的班集体。正因为平时我非常注重学生这方面的思想疏导，使学生尽量做到"大事化小，小事化了"，才营造了一个互相包容、互相忍让的文明氛围。也正因为有了这些，我班在成为校级文明礼貌先进班级，并成功地举办了"理解可以创造出美好的境界"的主题班会观摩课。

对学生进行德育尤为重要，诚然形式可以灵活多样，就我个人而言，主要是通过以下几个方面去实施德育工作的，权作抛砖引玉，与大家共享。

一、通过主题班会课加以熏陶、感染。

我会针对报纸上一些学生制造恶性案件带来的严重后果，在班级开展"让血案不再"的主题班会讨论课。通过看小品，听辩论，唱《朋友》之歌来让学生领悟宽容可以化敌为友，使生活变得更美好的道理。

针对本班存在上网吧玩游戏等不良风气，班委提供典型人物召开，"告别'三室一厅'"的悔过班会课，通过全班倡议，其他有类似行为的同学在班级里公开表决，鼓励并呼唤他们树立一个崭新自我，深深触动他们的心弦，最后同学们一起呐喊："与游戏机说声BYE-BYE。"

每逢节日到来时，我都要求学生以不同的形式加以庆祝或纪念。譬如，母亲节时，学生举行了一个名为"妈妈，我能为您做点儿什么？"的主题班会课。由电视广告的广告词引出主题，让学生感受母爱，并为母亲做一些力所能及的事。后来我从家长会上得到反馈，家长非常高兴，并提议类似的班会课多举行。

此类的班会课每星期都在举行，我布置值周班长去落实，大家都非常珍惜自己值周的机会，精心策划和准备，可以说班会的形式多样、内容丰富多彩，每个人的周记心得体会也不再是无话可说了。

记得有次班会课上，值周班长倡导"尊师重道"。但是刚上完班会课，有的学生没等老师先出教室门口就想冲出去，我当时非常生气，我把全班学生都留下，痛呼尊师之风不存，并重点教育了这几个"冲锋者"，一气之下，我饭也没吃就坐在教室批评他们在到自修课上课。放学后，当我回到办公室却见桌上放着面包和一瓶果奶，还压着一张纸条：希望老师不要生气，其实我们大家都是很关心您的，我们不忍心您受苦和受饿。或许您会不敢吃，但这是我们的心意，您也不必去查是谁买的，我们只希望您看到后能在黑板上写几个字，示意我们，我们都爱您！末了，署名为全班同学。当下我真的忍不住掉下感动的泪水。

于是，第二天，我在黑板上写下一个大大的"悟"表达我的惭愧之情，我们班又重新归于活跃。这就是我的精神家园，我找到了它，所以我无怨无悔！

通过以上案例，我们可以看出班会课对学生的思想教育是无形且具有渗透作用的。

二、在活动中培养学生集体观念引导他们为班级争光，为他人服务，拒绝因"小我"而失"大我"。

运动会中我会尽力做好后勤、啦啦队工作，当运动员已尽力了但榜上无名时，引导大家对他们进行鼓励。某次校秋季运动会，我跟在学生后跑得"鞋破脸干"。学生苏某在接力跑中鞋底被钉子戳穿仍咬牙坚持到底，为班级团体第一名画上了宝贵句号，同学们自然一个也不少地自始至终为运动员服务着。

在学校举行文艺会演比赛前，我班的五只"蝴蝶"放弃双休日时间，自己主动排练，我班同学纷纷前去观看排练，提出改进意见并诚心鼓励。通过全班同学的努力，此次比赛我班的绝对优势获得第一名，这凝聚着全班同学的期望与努力。这些看似极小的事，却是班风集体荣誉感的良好体现。这也大大鼓励了我，为我的工作提供了动力。

三、树立远大目标，这也是我们德育工作最终目标。

作为班主任，我们应从大处着眼，小处着手，抓住一切机会对学生进行教育。我常教学生：分清"立长志""常立志"，从而形成"败而不馁，胜而不骄"的心理状态。平时，我时时强调要把眼光放远些，确立自己的目标，进而使自己找准努力的方向。这样一来就可以激励学生的上进心，学习的劲头也更足了。而对于为人民服务的一切机会也均好好地把握住。比如，团委组织的为见义勇为基金会捐款活动，我带头捐钱做好榜样，学生自然热情高涨，不认为教师只空喊口号了。

就这样，我在琐碎的班主任工作中不知不觉地已度过了快十个学期，也见识了好多类型的学生，但我始终坚定自己散初的信念：未来应靠我们去创造，学生好与坏看你如何去施肥、去精心培育。为社会多增一株健康的新苗，这也是一个班主任的职责所在。

这些日子里我也体会到了，只有当过班主任，才能更加全面深入地体会到教育学生的艰辛与欢乐，体会到自己双肩所挑担子的分量！"身教重于言教"，学生的眼睛是雪亮的，也只有一份付出才会有一份回报！你瞧，我班学生再次赢得了全校老师的认同，被评为文明礼貌班，鲜花在全班同学的簇拥下送到我的怀里。

我热爱教育事业，我也热爱我的学生，我更爱班主任这份工作！让我们携手用心去浇灌，用理解来疏导，美好就在我们手中！

种瓜得瓜

几年的班主任工作，令我难忘的事不少，但最令我记忆深刻的还是上学期。由于学校调整了课程表，我竟然把我的课时记错了，本来是早上一、二节，我记成了二、三节。

当我像往常一样走进教室时，班长马上走过来问我："老师，您今天怎么了，生病了吗？"我感到莫名其妙，但当我看到讲桌上的一叠作文本时，才突然领悟。这时，学习委员告诉我，由于我没有到教室上课，班长和副班长主动站起来维持纪律，学习委员根据课文后面的内容，布置大家写了一篇作文，下课后已经全部收齐放在讲桌上了。听完学习委员的一番叙述，我的心里极不平静。我为自己的误课而自责，又为班干部的负责和同学们的自觉而欣慰。事后我向同事们提起这件事，他们都说，初一年级的学生能做到这一点，难得！这恐怕都是你平时认真教导的结果吧！

是啊！俗话说："种瓜得瓜，种豆得豆。"著名教育家马卡连柯也曾提出："一个人不能够一部分一部分地来教育，而是由人所经受的种种影响的全部总和综合地教育出来的。"如果没有平时坚持不懈的努力，也不会有今天的结果。回头想想，在几年的班主任工作中，我的确努力做了一些工作。

引渡

初二学生已全面进入青春期，也就是教育的第二次断乳期，这时的学生稍不注意引导就会出现这样的怪现象：一些本来成绩相当优秀的学生到了初二不行了；一些本来老老实实的学生到了初二逃学了，甚至弃学从工了。同时，打架斗殴、抽烟喝酒骂不良现象也在初二学生中大量涌现。当然，好吃懒做、得过且过的现象更是在初二学生中频繁出现……

因此，在初二这一阶段，班主任老师不但要教好文化知识，树立良好形象，而且还要针对实际，对学生的心理进行细心引导，使他们身心向健康方向发展。根据个人的工作经验，我认为应从以下几方面教导他们。

一、**我们要重视学习目标的引导作用，激发学生学习的动力，保持学习的热情**，初二学生会产生上述情况一个很重要的原因是厌学情绪严重。一方面，通过初中一年的学习，很多学生已失去了对学习的新鲜感，尤其是我工作的乡镇中学采取封闭式的管理，把学校教育与丰富的社会生活、美丽无限的大自然隔绝后，更是容易增重学生的厌学情绪；另一方面，他们年轻的心渴望知识、渴望刺激，这就使得他们容易受"打工潮流""拜金主义"等思想影响。但是，从教育方面考虑，此时学生可塑性强，若采用推荐有益读物的办法既能补充学生的知识，又能激发其学习热情，使其明确学习目标。我将学校图书室的《中外科学家故事精选》《少年英雄故事》《鲁滨孙漂流记》《格列佛游记》等科学家、少年英雄和探险家故事推荐给他们，同时，适时将《生活之友》《中学生丛书·性格集》等交往艺术、个性塑造方面的书籍提供给他们，让这些孩子时刻感受精神上的熏陶，效果还是不错的。

二、我们应与学生建立和谐的关系，以便了解学生的心理，进行有效的辅导，"亲其师，信其道"。教师尤其是班主任应与学生建立一种平等、互相尊重和互相信任的朋友式的和谐师生关系，特别是初二学生，他们普遍具有不愿轻易吐露心声的心理特点。学生观察社会、考虑人生、考虑事情容易片面、过激，社会不尽成长的烦恼往往使他们苦闷、孤独、不知所措，若此时我们仅仅给予他们传统的母爱式的关怀，或严厉的教导，便会适得其反，那该怎样建立朋友关系呢？我认为，较有效的方式是主动、适时地与学生进行正式的或非正式的书信来往。正式的是在与学生谈话后或生日时或遇到麻烦时教师主动与之书信沟通；非正式的是指教师在学生的作业本上或周记本上进行漫谈。较值得一提的方式是每周一次的周记，这种方式以固定的形式让学生海阔天空、谈天说地，既不增加他们的负担，又尽可能地展示他们的内心。教师通过周记可以了解到学生的家庭情况，对父母、老师、同学的看法、对社会的了解……教师又可以通过周记有效地以个别谈话、专题讲座、开展活动等方式对学生进行心理疏导。我一直采用这种方法，班级学生心理状态总体是稳定、积极的。

三、我们还要组织丰富多彩的课余活动，丰富学生的精神生活，增强班集体的活力。初二阶段后学生容易形成各种形式的小团体，这源于他们内心的空虚无聊，源于他们活跃的年轻的心。

这些小团体一旦结合起来就容易结伙生事。的确，苏霍姆林斯基说过"一个没有活动的团体将不成为集体"，我们必须通过活动带动、引导小团体，使之成为一个个充满活力的集体。课余活动最初可由教师引导组织，慢慢地交给给班委，最后全班一起来，活动原则就是不能只娱乐，而应注意趣味性与教育性相结合。近半年来，我班开展了谈冬奥、谈新时代、谈环保、谈诚实等讨论会，学生们可谓侃侃而谈；开展了栽花种树、美化校园、清理水沟、疏通公路等义务活动，学生们踊跃参加；开展了知识竞赛，师生同台表演，室内室外运动会等文体活动，场面可谓热闹非凡……总之，这些活动的开展既引导了小团体的健康发展，又融洽了我和同学们之间的感情，创造了男女生交往的机会，丰富了学生的精神生活，活跃了班集体气氛，使班集体蓬勃发展起来。

四、我们还应主动争取家长的配合，使教育形成合力，达到预期的教育效果。在现实教育中，有一些教师有这样极端的看法：认为农村家长文化程度较低，不会教育孩子，所以孩子出现问题、错误，干脆不跟家长说。

面对初二的学生，的确家长有些茫然、不知所措。此时，我们作为教师应通过开家长会或家访的方式与家长共同探讨（更多的是引导）教育子女的方法。更有必要的是定期开家长培训会，经验座谈会，尽量让家长了解孩子的心理，改变教育观念、教育方法。

另外，教育者应尽量预防学生可能出现的问题，指导其健康成长，对已出现问题的要耐心转化。这里指的学生既包括表现优秀的学生，也包括转化生。他们一般有这样的特点：从小娇生惯养，自制力不强，父母不在身边或离异，家庭较富裕。我们可给这类学生建立个人档案，特别注意其心理状态、心理变化，尽早通过谈心、交流、讲座、活动等形式对其教育，对出现问题的学生千万不能粗暴地批评或直接放弃，要用更多的爱滋润他们心田、挽救他们。

我相信，通过行之有效的措施，我们定能将初二学生顺利过渡到初三！

突发事件后

从事中学教育教学工作近20年了，一次突发事件常常提醒和强化着我做一名合格教师的意识和责任感。

那时我校招收住校生，本人家离校园很近，当时我又负责学生工作，学校就将住校生的管理工作交给了我。于是除了班主任工作和语文教学工作，我还要完成住校生的管理工作。我属于要强的人，做事情不做则罢，做就得像回事，因此忙完白天忙晚上，爱人工作也挺忙的，我又要带孩子，又要管学生，熄灯了要去各学生宿舍查房，第二天早上还要和住校生出早操，可以说一天到晚与学生生活在一起，真是忙得不亦乐乎。尽管如此，却觉得生活很有乐趣，心里快活，精神充实。

为了住校生的正常学习和生活，我和同学们制订了相关规章制度，其中有"四不准"，即不准带外人到宿舍活动；熄灯后不准继续做其他工作，按时休息；严格请、销假制度，有事外出需跟舍长请假，回来及时销假；早晚女生不准单独外出……还制订了文明宿舍评比制度等，在大家共同努力下，宿舍内一切正常。

有天早晨下雨了，按规定，同学们都在宿舍整理内务，我也趁机做点儿家务。突然一阵呼救声由不远处传来："救命啊……"

我的心猛然收缩，脑海里下意识地闪出"不会是我的学生吧"。来不及解腰间的围裙，我已循着声音冲了出去，当跑到离我住处不远的一个工地时，一披头散发的人跟我撞了个满怀，随之她便瘫软下去，我一把抱住她，定睛看去，呀，是住校生小王。只见她面色惨白，身体在剧烈地颤抖，上衣扣子在与人搏斗中被扯掉了，脚上只有一只鞋。我心里咯噔一下，但马上镇静下来，赶紧与学校领导简单汇报情况。身心遭受突然打击的小王情绪极不稳定，为了防止意外，我将她接到了学校妇女主任王主任家生活。开始，她不吃不喝只是哭，在我和学校领导的安慰下她终于停止了哭泣，好在没有发生严重后果。当年小王年龄小，很是害怕，看着受伤害的小王，我自己也感情难控，泪水扑扑簌簌滚落下来。我心痛、恨、悔啊，心痛的是一位花季少女，险些遭歹徒之手；恨，不法分子作案之后逃之夭夭；悔，自己没能保护好学生。

我想方设法、苦口婆心地开导她，安慰她，给她讲人生哲理，讲战胜挫折的名人故事等，我从生活和思想上加倍关心和照顾她，用我的全部爱去温暖她那颗受伤的心，抚平她心灵的创伤。我买来奶粉、鸡蛋、红枣和其他水果，变着法给她做可口的饭菜。我挤出时间与小王谈心，每天下午放学后同学们也来给她补课，讲班里、宿舍里的事，渐渐地小王的话也多了起来，脸上露出了笑容。一天晚上临睡前，她悄悄地对王主任说："谢谢王老师，对不起，是我违反纪律，早晨一个人跑到工地的空房子里背英语，险些酿成大错，给您添了那么多麻烦……"望着她那真挚的面孔，妇女主任王主任会心地笑了。

如今，小王早已大学毕业步入工作岗位了。在春节的前夕我收到了她的一封来信，除向我介绍她的工作和取得的一些成绩外，信的结尾是这样写的："谢谢，真诚地感谢您，我亲爱的老师，是您及时开导我，让我扬起了生活的风帆，给了我战胜挫折的勇气，我会倍加珍惜并努力工作的，用我的实际行动报答您及所有帮助我渡过难关的人们，请您放心，我已逐渐成熟了，谢谢父亲般的老师……"看到她的真情流露，我很欣慰，在挫折面前她成为了强者，小王长大了，我由衷地为她骄傲。

事情虽已成为过去，但它留给我们一个启示，学生随时可能发生一些紧急事件，关键是教师如何正确对待和处理。我认为首先要保持沉着冷静的头脑，采取果断有效的措施，处理事情需多方面考虑，切实维护学生的利益，尤其是女同学的利益，用爱心去扶助弱者，以真诚打动她们，用人民教师全身心的爱去换取她们心灵的新生，使她们感受到老师是值得信赖、值得爱的人，这也是我们应尽的责任和义务吧。

心心相印

爱就意味着奉献，从古至今，教师在人眼中都是充满无私奉献精神的神圣职业，而今的教育是一种充满真情的，充分体现教育者爱心的，心心相印的活动。

在班级工作中，我的体会是：班主任首先要有爱学生、爱班集体的深厚感情，带着这样的感情去教育学生，才能真正了解学生的思想、情感和心声，才能深刻体会到学生们的所需所求，才能达到师生的情感交融、心灵相通的目标。在这种基础上教师再把教育的外化过程深入到内化过程中去，用具体行动激发学生的内心情感，从而达到思想教育的目的。

2004年中考结束后，学校让我担任初一（3）班的班主任，当时我心里没底。第一，我刚刚当过一届平行班的班主任，这次却被安排担任重点班的班主任，心里没底。第二，自己刚教完一届初三，没带过重点班，这次却有两个重点班的课，压力确实很大。但看到周围的老班主任毫无保留的帮助，想到自己有年轻人热情肯干精神，就有了完成任务的信心。除了向老班主任虚心请教，我还努力扩展知识面，学习积累了《班主任之友》《山东教育》等刊物上的大量的理论、事例，结合到本班工作当中，从而使班级管理更为科学，也使自己尽量少走弯路。

开学初始，针对本班学生成绩优秀的学生较多，我们班委会就制订出了"和、诚、勤、律"四字班训，让同学们自律。并且，我制订了班级短期目标，使学生总有尽力就可以得到的收获，随时都有自身问题的反思，有进步、有总结。针对部分学生学习意识不强、学习不够努力的现象，我给他们讲了一个故事："太阳落山之前，一头狮子自言：明天日出之时，我要追上跑得最快的羚羊；一只羚羊自语：明天日出之时，我要逃脱跑得最快的狮子。所以，无论你是狮子还是羚羊，日出之时，要做的都是奔跑。"实际上我们个个都是人才，而我们个个却都需要努力更努力，要把我们的每一天都当成初三来度过。此后，学生们的学习变得很主动，每天下午放学之后都有很多人主动留在班上讨论问题，班级学风很浓。

我们班主任只有把心交给学生，学生才能把心交给我们，才能达到情感交融的目的，完成思想教育任务。在班主任工作中，教师要充当多种角色，在传授知识做老师，诲人不倦；交换思想时做朋友，心心相印；集体活动时做学生，平等相处；关心同学对做家长，关怀备至。

新生档案一发下，我就抓紧时间背学生资料，争取见到学生时就能叫上他们的名字，并根据50个人的特点给他们安排上具体的工作。后来学生们对我说："一进班您叫我的名字时，我特别惊讶，心想这老师真神！您分配给我管窗户的活儿我一定干好。"简单的记名字的一件事，我就已经把学生的心抓住了。

每次期末考试完毕，为了既要让学生知道自己的等级又要不伤害他们的自尊心，我都是单独把他们的等级打出来，单独发给他们查看。学生看完心里自然有数，他们会主动找到我来分析没考好的原因，从而达到了教学的目的。

住宿生管理是班级管理中的重点，也更加体现教师的爱心。学生生病，我就把饭和药给他们送到宿舍；扣了分先向学生问清原委，从不横加指责，像对待自己的孩子一样关心这些孩子。事情不大，却令学生们感动。宿舍内同学互相关心，共同进步。有一段时间，小磊偷偷上网吧，小郑知道了很着急，但说他又不听，马上来找我，一同想办法，最后小磊考上县一中实际上有其他住宿生的功劳。小刚生病休息了一个多月，问到班级学习有些吃力，很苦闷，找到我。其实在这以前，住宿生就已经跟我讲了他的情况，看着这个在球场上生机勃勃，在班级工作中给予老师很大帮助的学生被学习成绩打击得如此沉闷，我也很着急。其实在初三学生中，这种问题也很普遍，对此，在随后的家长会上我提出了老师家长共同帮助学生克服心理压力，制订切实的中考目标的要求。我又把在奥运会上连夺100米、200米、4×100米接力3枚金牌的威尔马·鲁道夫的故事讲给了该生：威尔马·鲁道夫4岁时因患病，双腿失去了知觉，她和母亲没有放弃希望，母亲几年如一日为她按摩，为了走路，威尔马穿上特制的铁鞋训练，被医生宣布可能瘫痪的小女孩最终成为世界冠军。所以一个人有信心，挫折就不会使其动摇，因为他知道，挫折不会压倒具有坚强自信的人。后来，该同学放下了包袱，发奋学习。那年中考，他如愿地考取了县一中。在留言册上他写道："您在我最无助时，给我援助。您在我最失落时，给我鼓励。您在我最颓废时，给我信心。"整个宿舍同学也团结上进，都考上了理想的学校。

学生进入初中，对各种事情都有了自己的看法。教师要知道学生们在想什么，很不容易，但若不知道学生们在在想什么，教师和学生就没有共同语言。没有共同语言，教师做思想工作就会使学生产生反感情绪。要理解学生的内心世界，就要把自己同学生等同起来，要从学生的角度看问题，就像陶行知老先生讲的："你要变成小孩子，便有惊人的奇迹出现，师生立刻成为朋友，学校立刻成为乐园，你立刻觉得是和小孩子一般大，一块玩，谁也不觉得你是先生，你便成了真正的先生。"

初三上学期，我发现我们班的一个女生的性格突然沉闷了，学习成绩也下降得很快，我多次找到她谈心，终于使她说出了心里话。原来有两个男同学给她写信、打电话，放学等她，给她送礼物，这个同学很为难，处理不好这种关系，以致影响了学习。我知道了她的态度，我就分别找到那两个男生，在家长的共同帮助下，处理好了这件事，三个学生都静下心来学习，中考都考上理想的学校了。毕业留言册上学生这样写："您快速'占领'人心的功夫真是不简单，'谍报工作'也真是厉害，经常可以打入'敌人内部'却不动声色，若无其事，这是您最可敬的地方。其实您对学生的关爱与教诲才是您最可爱的地方。"俗话说："润物三月雨，催花六月风。"我觉得教师的教育就应该像三月的和风细雨，风轻轻地吹，雨柔柔地下，虽不壮观，雨水却点滴入地，可谓"润物细无声"。

另外，道德形象、道德行为是最有力的教育手段和工具，社会和谐的环境、教师自身良好的行为，都会对学生产生积极的影响，从而使他们更好地认识道德要求的正确性，形成良好的道德念。因此在对学生进行教育的过程中，我十分注意运用道德形象和道德行为对学生进行情绪感化。

　　给学生一个可以改正错误的空间，给学生一点儿宽容，更容易取得意想不到的效果。在我刚刚担任新一届学生的班主任时，一位老班主任就对我说某生特难管，所以我进行家访工作的第一家就选择了他家，但家访后该生依然很散漫，收效一般。一天早上，我来到卫生区，看到别人都在认真地值日，只有他在玩篮球，见到我也很不以为然，当时我真是很生气，但又想，这样的学生，挨批评一定不少，狠狠批评他一次不仅不会见效，没准还会很尴尬，于是，我没说什么，拿起了扫帚和同学们一起扫了起来。过了几天，当他开始意识到自己的错误时我才找到他，语重心长地谈了一次话，使该生真正认识到了自己的错误。后来我发现他很聪明也有学习潜力，便对他的进步及时表扬，对其重复出现的问题从严要求，真心地教育他。三年的接触，终于使该生体会到了老师的良苦用心，他学习努力，各方面都能够严格要求自己。最后，这个学生，以高分考取了县重点高中。

　　榜样可以引导学生，激励其奋发向上。我利用班会时间组织学生学习了长篇文章《帕米尔之子——吴登云》，吴登云的感人事迹震撼了学生的心灵。我又让学生观看了中央电视台同期播出的专题片，邱少云、雷锋、钱学森、袁隆平等一批大家熟悉的伟大人物的事迹给学生一种思考：与英雄相比，我们缺少什么？同时我又不失时机地向学生介绍了他们身边的我们班的每位任课教师的故事，他们也都在平凡的岗位上默默地奉献着，赵老师、茹老师的孩子都上高三，王老师的孩子小，没人照看，可大家却总抽出时间给学生们补课，每天都忙到很晚，却都毫无怨言。学生们听后很感动，师生之间达到了更深层次的理解。随后，在家长的协助下，我组织学生参观了我们乡镇的蔬菜大棚基地、蔬菜批发市场，使学生亲身感受到了家乡的巨大变化及对高层次人才的需求。参观回来，学生主动写出了："没有这次参观，我根本想不到家乡会这么美，我爱我的家乡，我要努力学习争取为家乡多做贡献！"学生的学习主动性明显提高。我又有针对性地让家长带学生去大学参观，给学生看招生简章，努力在班级树立争先意识。

经过三年的努力，看到可爱的学生们都考入了理想的学校，我深深地感受到，爱学生就要把自己的心交给学生，就要善于走入学生的情感世界，人格只能用人格去创造，情感只能以情感去感染，唯有从心底发出来的才能达到心的深处，教育是心心相印的活动。

"随笔管理"带来的幸福

提起班级管理，我相信做过班主任的老师一定是各有各的绝招。我的绝招是"吴氏随笔管理法"。

近几年，我所带的班集体年年被评为"优秀班集体"，正是得益于此法。毕业的学生每逢教师节或用贺卡或用短信或亲自来拜访，无不对"随笔管理"感叹一番，眼中流露出对往日的怀恋与神往，有时他们还能说出几句当时的原话，也让我感动。我也因此体会到了更多的快乐。

我的"随笔管理"就是用随笔的形式来记录学生的言行及表现。我将随笔写在A4大小的活页上，并坚持一个原则，就是多写学生的闪光点，实行用成功激励成功的教育方式，即时悬挂在教室黑板的右侧。对黑板右侧布置装饰一番，固定好一个大书夹，每天的随笔活页就夹在大书夹上。一学期下来，一部"文集"扉页上书："老师的眼睛"。每学期末我都会将这一本"文集"整理好，珍藏起来。在我家里的个人书架上，专门有一排为它而设。我为它起了个名字：正在成长的梦——我的班级管理。

造势

开学之初我在班里宣布凡表现优秀的学生，并告诉全班同学我将会用随笔给他作永久的纪念，此学期每位任课老师都会见证他的优秀，一年、两年，甚至几年以后你们长大成人，将会再次见证他的不平凡。例如：今年开学之初，我便将这一做法在主题班会中做了说明，在问到想不想被老师写入《老师的眼睛》一书时，"想！"震耳的喊声冲出了教室，学生是那样地热烈与渴望，让我心潮澎湃。造好声势，也就是宣传到位后，我便开始着手实施了。

抓优

在执行中，教师要抓住一个"优"字，用学生的一个优点引发更多更大的优点，使学生处于一种被赏识、被赞同、被关注的幸福感中，激发学生想被老师认同的心理。撷取几例与大家分享——

案例一：美好的作业

周末返校后，学习委员将我布置的家庭作业放在我的办公桌上，我一本本地批阅着，眼前猛然一亮，小丁的作业是那么仔细认真，给人一种美的享受。此时我的脑海中即刻跃出一个想法：今天的随笔就是"美好的作业"，借此来规范班级作业的书写情况，同时也让小丁同学感受到自己的荣耀。于是，随笔《美好的作业》

应运而生。其中我写道:"认真的书写、整洁的卷面给老师一种清新的感受,作业折射出你个人的风采,全班同学为你而骄傲。"当我把随笔活页悬挂在书夹上时,看到攒动的人头,我相信:认真书写的种子已悄然种植在每个学生的心田。果不其然,之后的作业无须特殊强调,面貌焕然一新,每位任课教师在办公室批改作业时总是对我班的作业赞不绝口。我想:榜样的力量是无穷的。

案例二:黎明的读书声

乡村的早晨是那样宁静安详。天刚蒙蒙亮,我到操场上遛一遛、走一走,当经过我班时,响亮的读书声传入我的耳朵,我一惊,踏步奔向班级,教室门已打开,小宇正伏在书桌上背英语单词。此刻我的内心非常激动,瘦弱单薄的她是那样专注、认真,以至于我推门而入她竟然毫不察觉。当我轻步走到她身旁,她才惊醒般地匆忙喊了声:"老师,早上好!"我用手抚着她的头,示意她坐下,问:"你经常这样吗?"她点了点头,我这才醒悟小宇骄人的成绩来自于此啊!这可真是天道酬勤。面对这样的学生,我只说了句:"鲁迅的一个'早'字使鲁迅成为文学家,同样你的勤奋也将使你的人生灿烂多彩。"我匆忙回到书房,奋笔疾书,早饭后,随笔《黎明的读书声》已赫然放在教室的书夹上。文中写道"你的勤奋见证你的优秀,你的专注见证你的品质,你的投入见证你的上进。我永远为你加油,为有你这样勤奋上进的学生而自豪,但愿我班的每名学生都如此。""岁月不待人,及时当勉励"的诗句写在最下方。这一天班级的轰动超出我的预想,更没想到的是第二天清晨,教室内的读书声由"独奏"俨然成为"大合唱",随后我又写了一篇《我班的大合唱》鼓励这种勤奋的精神。别班的班主任很是羡慕我班学生的自主性和勤奋精神,我内心涌出无限的幸福与喜悦。

案例三：我班的排头兵

课间操在清脆的铃声中拉开了序幕，我班体育委员小石站立在全班同学前整理着队伍，笔直的队列显现出我班的风采。随着嘹亮的号令，大家规范地做着广播体操，小石站在最前排一丝不苟，看着他脸上那一滴滴渗出的汗珠，我才知班级体操评比获得第一的原因——排头兵好啊。看那标准的体操动作，俨然是一名战士，当日的随笔便是《我班的排头兵》，文中我写道："你是班级的骄子，你是班级的领头雁，你的形象是班级的楷模，班干部中你是亮丽的风采。"之后，我班的班干部在任何活动及日常管理中无不处处做榜样、做表率。每名班干部都是班级的一面旗帜，班级整体面貌焕然一新，又得到任课教师的一阵赞许。班级核心向着新的目标奋进，这何尝不是一次飞跃呢？

案例四：三问手机利弊

随着科技的发展，生活水平的提高，一部分学生已将手机带入校园。手机悄然流入，好处是学生与家长沟通方便，而弊端却有目共睹。一部分学生通过手机上网，QQ聊天，严重地影响了学习的质量，给班级管理带来不利。许多班主任采用强制手段，严惩携带手机的学生，但是班级内仍是"手机为患"，很是令班主任头疼。没收上来替学生保管的手机，三天两头又被学生要回去，没有从根本上解决这一问题。当时，我班这一问题当时也较突出，怎么办？我连续写了三篇随笔《试问手机的利弊》《再问手机的利弊》《三问手机的利弊》，连续三天夹在《我的眼睛》随笔文集中，在随笔中给学生陈述利弊，鼓励学生做手机的主人，而不要被手机所奴役，并指出以后谁要与家长联系可用我的手机，还列举了因手机而引发的一系列问题。真诚又质朴的话语流淌在学生的心田，真实的案例叩开了学生的心扉，打开了学生的思想之门。一周后，我班手机问题获得完美的解决，真可谓是：以真情换真情。

案例五：江城子·教师节

　　今天是一个特殊的日子——9月10日，吃过早饭，我急忙奔向办公室，路上我还在想：在属于自己的节日里，今天的随笔能否留下专属于自己的一页，抒发自己当教师的幸福与快乐，借此引导学生的人生。可当我走进办公室的时候，我班每位任课教师办公桌上都放着一个玻璃水杯和一封信，我脑海中猛然想到，应该是我的那些学生。我坐在办公桌前，打开信封映入眼帘的是节日的祝福："吴老师，您辛苦啦！在这特殊的日子里，祝您永远开心快乐。让这水杯装满学生的深情之水，能天天润湿您那干哑的嗓子。"落款是："永远进取的初三（4）班全体学生"，下面是每一名学生的签名。不知为什么，看到这些，我的眼睛竟有些湿润。预备铃响起，我班的任课教师还沉醉在这些可爱的孩子们给予我们的幸福当中。中午我心情特地好，为了表达对学生的感谢，我写了词一首：

江城子·教师节

　　老师今日喜洋洋，弟子强，情意长，水杯祝词，字字表衷肠。为报弟子念师恩，精备课，强课堂。

　　水情生谊放心上，嗓子哑，又何妨？听说读写，高效课堂。会当七月创辉煌，光荣榜，弟子上。

　　下午我将放在书夹上，师生的心灵是那样的融洽、和谐、真诚。

　　"随笔管理"在我的治班理念中，已成为不可或缺的一部分，我因随笔而幸福着。班级纪律、班级面貌、学生状态因随笔而越发优秀。"随笔管理"也许不是最主要的管理方式，但现在它已成为我的最爱，我也衷心地希望有此意愿的班主任不妨一试。

（本文发表于《班主任之友（中学版）》2011年01期）

因势利导

家长选择为校教育，一是看学校管理，二是看教师对学生关心的程度，三是看教育质量的好坏。一名好教师光有爱心是不够的，关键是教师把热爱学生、尊重学生体现在教学中，激起学生的学习热情，让学生主动学习，促使学生主动发展，从而达到培养学生的学习能力、处事能力、创新能力。

兴趣是最好的老师。我们讲得再好，学生没有兴趣，效果也是事倍功半。教学活动，必须建立在尊重学生的基础上。在我面前，每个学生都是可塑之才；在我眼中，所有的学生都那么可爱。他们都有自己的人格和尊严。我坚持对学生的不良学习行为采取适当的方法教育，细心地发现他们身上的闪光点，因势利导，引导他们发挥自己的特长，让他们在成功体验中完善自我。

几年来，我一直探索如何帮助学生提高学习兴趣，提高学习成绩。对学习困难的学生超前补，优秀生滞后辅，采取小目标激励法，给学生确定小目标，当学生完成目标，及时肯定鼓励。我在教学过程中不让任何一个学生掉队，最终让所有学生顺利完成学业。

刚担任初三（2）班的班主任时，我发现小洋同学学习基础差，学习主动性比较差，上课低头，不记课堂笔记，不主动回答问题，抄他人的作业，甚至不交作业。我对他没有点名批评，我发现他平时善于表现自己，渴望得到别人的肯定，他好看课外杂志。一次，我给他一份《中学生时事政治报》并说看完还给我，第二天上课时，我在班上提问了一个时事知识题，小洋马上举手，正确回答了问题，我第一次表扬了他。以后上课，我都让他回答一些难度较低的问题，再次地回答正确，我都对他进行表扬、鼓励："你真棒小洋。"起初表扬他还有点儿脸红，时间一长，良好的听课习惯养成了，他的政治课考试成绩逐渐提高了。

为提高课堂效率，在课堂教法上，我进行大胆改革。我在教学上不断创新。我提倡办课前5分钟新闻发布会，让学生做"外交部发言人"评说重大时事，即兴发表见解。这样一上课就调动了学生的学习积极性，开拓了思维空间，活跃了课堂气氛，同时使学生更关心时事。课下，我与学生一起设计艺术板报，广泛采纳学生的意见，增强学生的学习兴趣，以达集思广益之效。我创设了每周一次的语文大阅读课，培养学生的阅读分析能力，开阔视野，以适应当今开放性的教学体制改革。我让初三毕业班学生自己出中考模拟题，让学生站在命题老师的角度总结知识，寻找重点，透视难点，使学生站得高看得远，收到了很好的效果。我的教学改革既体现了学生的主体地位，满足了学生的表现欲，激发了学生的学习积极性，又培养了学生的主动学习精神和自主创新的能力。

正确的教育理念，科学的教学方法，激发了学生的学习兴趣，学习成绩大幅度提高。有了爱就有了教育，理想的成绩是爱的结晶，当然爱并不是没有严格的批评，严也是爱的体现。仅有严没有爱的教育是冷酷无情的教育，仅有爱没有严的教育是华而不实的教育。

我对学生付出了爱，我赢得了学生的信赖和尊敬。学生回报给我的是令人一生受用的精神财富，从而更加坚定了我的信念。我爱教育事业，爱教师这个职业，我爱我的每一个学生。

一天表扬一个学生

2016年8月，在骨干教师培训班上，我学习到苏霍姆林斯基的一句话："成功的欢乐是一种巨大的情绪力量，它可以促进儿童好好学习的愿望。"学生有了进步，获得成功，教师应该鼓励、表扬，哪怕是点滴的教师应多表扬少批评，不要轻易打击学习有困难的学生，对学困生要手下留情。一天表扬一个学困生，让其心情愉快地学习。

在以后的教学中，我尝试着多给学生表扬、鼓励，特别是学困生。从2016学年到2020学年，在这四年的教学中，我坚持对取得点滴成绩和进步的学生，给予口头表扬，对进步较大的学生，进行一定的物质奖励。我把这四年的各种评价项目做成一个表格，从表上我们可以看出一些数据的变化，便于对比分析。在实际的教学工作中，我感觉到班级的管理顺手多了，很轻松。学风班风好多了，学生违反纪律的次数明显少了。学校抽查学生穿校服的情况，只有我们班学生全部穿戴整齐，班里的好人好事不断涌现。在2018年举行的中小学生"庆国庆"专题作文竞赛中，我班凤菊同学荣获县一等奖，晓艳同学荣获县三等奖。虽然他们是初一年级学生，但是他们是我校仅有获奖学生。

教师要做到不歧视学困生，对学困生多给予鼓励、肯定，让其对学习树立起信心，心情愉快地学习。比如，我班有一名学生叫小贵，这个学生原来学习很差，连他自己的名字都经常写错。我经过观察，发现这个学生，反应速度很慢，写字速度也慢，家里只有他母亲一人种田供养他姐弟俩生活。平时，身边的同学看不起他，经常欺负他。在教学中，根据他反应慢的特点，我让他放学后单独留下来写作业，他写作业很认真、字迹清秀，于是我在班上表扬了他，他写作业越来越认真，他的学习成绩也慢慢好起来了。对学习有困难的学生，他们有进步就表扬，他就有前进的动力！

初二年级是个过渡的阶段，特别是写作知识尤为明显，从简单的记叙文到层次分明的说明文，这是一个从直观到抽象的过渡阶段，过渡得成功与否，直接关系到今后的作文教学。初二年级下学期的一节作文课上，我带着学生们到学校前边的一条小河边，让他们根据看到的景物写作文，我在一边做指导：首先按一定顺序，比如，从近到远，从上到下，从左到右。其次，把你看到的景物、事物记下来。比如：岸边有柳树、小草、沙滩、石头；水面上小船、鸭子，水里的水草、小鱼等；对岸的麦田，田里种着的庄稼。最后，把你看到物体颜色用你喜爱的词语把它写出来，这样，同学写起来就容易多了。有些同学不但能按顺序完整地写出来，还会用一些形容词来写小树、野花、小草，我就多表扬他们，把写得较好的文章作为范文，在班上朗读。其他同学听了也想得到表扬，在自己的作文本上修改起来。这样，逐步培养他们遣词造句的能力，教学目的达到了，同时，也培养了学生的写作兴趣。

成功的经验导致志向、水平的提高；失败的经验导致志向、水平的降低，我们要多创造让孩子成功的情境。经济越不发达的地方，学生的成功率应该越高，让失败者有自我表现的机会、成功的机会。教师要对对学困生网开一面，克服过去多批评的习惯。

一天表扬一名学困生，让其心情愉快地去学习。我在教初二(1)班时，就遵循了"少批评、多表扬"这条原则。从日常生活上，从学生的衣服穿着上，从上课专心听讲、课后认真完成作业上，从认真写字（毛笔字），从作文的写作方面，尽量表扬学生的进步。学生学生逐渐对学习产生了兴趣，比如：云海同学，原来写字不认真，甚至连家庭作业都完不成，我就让他在教室里做，果然，作业完成得很好，我就表扬他，让他一直认真做下去，这样他的劲头越来越足。对于学困生多表扬，少批评，使他们对学习有了信心，学习起来也有了劲头。

在教学中，我抓住每一个学生有进步的地方给予表扬，学生受到表扬，心里乐滋滋的，就会向着好的方向发展，自然有些缺点就会自己克服掉，这也符合扬长避短的道理。学生受了老师的表扬，就会从心里产生一种动力。我相信，一个人有了这种坚持不懈的动力，还有什么事情做不好呢？

让我们大家一起记住：一天表扬一个学生。

培养效率感

教师应重视学生学习效率的提高，时刻教育学生养成高效率的学习习惯，教育学生做任何事都要具有高度的效率感。

那么什么是学习效率呢？就是在单位时间内完成的学习任务量。有的学生在40分钟内就把老师留的作业做完了，而且作业质量很高，有的学生在40分钟内只完成了作业的三分之一，同是一个老师教，同在一个班里上课，有的学生效率就不高。

如果学生都重视学习效率，那么学生的负担就会减轻。教师有责任和义务培养学生的效率感。下面是我的一些做法。

首先，我们要明确当天、当堂的任务，减少犹豫。学生每天有许多属于自己的时间，自己支配的时间效率不高的主要原因是犹豫。例如自习课，如果老师留的作业已做完，不少学生下一步该做什么。是看书还是写字？是复习数学还是预习语文？还是背英语单词……犹豫占去了很多时间。我对学生们说过，治疗犹豫有很多措施，其中之一就是：在自己支配的时间里，拿出百分之二的时间计划一下，这段时间的任务共有几项，哪个是主要的，哪个是次要的，然后排成任务表。比如一节自习课40分钟，先复习数学20分钟，再预习语文15分钟，其余时间背单词。任务明确了，马上动手，效率往往是过去的几倍。

其次，我们还应该让学生养成持之以恒的习惯。我认为，一个人经常在固定的时间做同类的事，做得多了，就会形成习惯，习惯了的事情，常常不由自主地去做，想要停下来都很难。我们将牛顿第一运动定律应用于人的思维也不无道理，巧妙地利用惯性是提高效率的好办法。习惯的事，既不会犹豫，也很最少拖拉。最近一段时间，我班的47名学生都已养成按时完成作业的习惯。有一天，我故意说："今天的语文作业你们可以不做了。"可是，第二早晨一看，47名学生的作业一份也不少，原来，学生们怕破坏了坚持了一段时间的习惯。

最后，我们应要求学生制订计划、做总结。我认为，制订计划是前人总结出来的提高学习效率的成功经验，因此，我所教的班级的学生都制订了每人每年完成的任务计划，然后落实到每学期、每月、每天分别完成多少。每个月全班总结一次，鼓励超额的，督促"欠债"的。学生每人都有一张完成情况统计表，每个月德、智、体、美、劳任务完成情况一目了然。可能是教育得法吧，我教的班级，连续10年获得全校班级质量综合评比第一名，受到了校领导和老师们的表扬和称赞。

高效率学习的大敌是无效的劳动，我几乎每天都要提醒学生减少无效的劳动。平时，注重培养学生的责任感，培养他们形成坚强的意志，教会学生用意志提高注意力。我还利用学生的好胜心理，营造一种竞赛氛围，在课堂上，我经常开展几分钟的竞赛，竞赛内容包括背课文、抄写、默写、朗读、听力等。实践证明，这种竞赛用的时间少，每节课都可以开展一次，能有效地增强学生的效率感和竞争意识。经常这样做，很多学生养成了自我竞赛习惯。他们学习时，首先明确目标，确定具体的任务量，然后按照每分钟的效率去确定完成任务的时间。

在教学管理中，培养效率感真的很重要。

爱的教育

班主任工作使我深深地认识到：没有爱就没有教育。记得有一位教育家说过："对于教师所要求的，第一点是由衷地热爱幼童。最好的教师，并不是传授知识最多的教师，而是热爱自己学生的教师。教师如果没有爱就毫无用处。"实践也证明，我对自己工作感受最深的就是一个字，"爱"。爱自己的事业——教育；爱自己的工作对象——学生。如果说我的工作有任何进步或成绩，那就是爱的奉献。

郭老说过：抢在春天里播种，要抢时间、抢速度、抢质量。学生时代就是人生的春天，而初中一年级又是这春天的早晨。所以，天真可爱的学生们一入学，我就将爱给予每个孩子，使他们感到温暖、安全。同时逐步培养他们的集体意识、主人翁意识。随时随地、循序渐进地引导和培养学生，大家都来关心爱护班级这个家。同学间要互相帮助、互相爱护。紧接着随教育的延伸开展系列教育活动，要全班共同努力办好每一件事：画展上，大家尽力画好每一幅画；歌咏会上，大家用心唱好每一首歌；运动会上，大家全力以赴地投入每一个项目；作业、手抄报展评……从活动中，大家懂得：我爱我的同学、我爱老师、我爱集体；同学爱我、老师爱我、集体也爱我。这样就把"爱"聚到一起了。

通过实践，我感觉到信任是爱的一种具体体现。要使整个班集体有较强的战斗力，培养骨干是一项十分重要的工作。通过他们有效地把全班同学组织起来，就能形成了一个坚强的班集体。我根据学生不同的性格特点和学习、生活的长处，委任不同的工作。充分信任他们，并不断地给予指导、放手让他们干，让他们在各己的岗位，发挥自己的才能，让他们意识到自己是集体的一员，使他们为集体的事忙碌，为集体的进步、成功而感到高兴、快乐，为集体的困难而焦虑、担心。这样使教与学、师与生之间在积极性在爱的驱使下，充分发挥出来了。

用爱培养学生树立正确的人生观也是至关重要的，是关系到学生如何做人、成才的大问题。学生有了正确的人生观，才会有学习的动力，从而养成自觉勤奋学习的习惯。树立正确的人生观必须坚持大道理与做小事结合。大道理就是坚持理想教育、意志品格教育，明确远大理想的实现必须有脚踏实地的行动。教师要培养学生做事有毅力，胜不骄、败不馁，不怕困难和挫折，不达到目的不罢休的精神。大事起于小，要学生明白大道理就要从小事做起，从自己的一言一行做起。教师可以通过讲名人、伟人的故事，使学生明白他们的历史功绩和丰硕成果都是从小"劳其筋骨、饿其体肤，苦其心志"的结果，不屈不挠、不畏艰难的品格是一个人获得成功的重要因素。

育人细微处，润物细无声，老师的良苦用心，爱的奉献，不仅能让学生懂得理想与行动的关系，而且能让我们感受到老师深深的爱，并将理想变成了行动，做到上好每一堂课，做好每一道题，写好每一个字。教师的爱比母亲的爱理智得多，深沉得多。他们的爱是和祖国、理想联系在一起的，表现在为人师表、严格要求学生。我对每一个学生的兴趣、爱好、家庭情况、身体状况了如指掌，从而做到因人施教、把自己的身心和热爱倾注到了每个学生的心灵深处，提高学生的自信心，激励他们奋发向上。这些年来，我送走了一批又一批的学生，每个学生无论在什么时候，什么地方，都无不想念着我。每次毕业茶话会上更是难舍难分，一个个情真意切。每逢节假日，我总是能接到许多学生从远方不同的岗位上打来的慰问电话，询问、关心、祝福，有时使我热泪盈眶。有一个学生在电话里说："老师，是您给了我无微不至的爱，我一生为遇到您这样的老师而感到自豪。让我真诚地叫您一声'爸爸'吧。"

今年我因县管校聘来到了一个新的学校，这消息被学生知道后，他们不约而同地号啕大哭，是那样的动情，那样的感人，那样依依不舍。作为一个教师，只要学生喜爱、家长信任、社会肯定，就够了，这就是一种伟大的催人向上的爱！

下部

实习生活汇报

尊敬的各位领导、各位老师：

你们好！

首先，我非常感谢学校的领导给我这样的机会能和在座的领导，老师们谈心。可以说，没有你们的关心和帮助，就没有现在的我，是你们使我懂得了一名教师，应教给学生一些什么知识。

在座的各位领导、各位老师，我想你们大多数人已拿到本科和研究生等学历。你们是幸福的，我真羡慕你们，大学生是社会的财富，是国家建设发展的主力军，有了较高的科学文化知识，就意味着有了前途，有了幸福。说到这里，大家也许会问我，你上的是什么学呢？我毕业于聊城师范学院，那时，我也深刻地意识到：我们国家处在快速发展的阶段，是需要高精尖各方面人才的。

于是，在两年的师范学校生活中，我读了不少关于教育方面的书籍，也在文学方面下了很大的功夫。因为，我从小就希望"长大后能成为您"——教师这一职业，特别是当语文教师，那是我最大的夙愿。

如今，我终于实现了自己的梦想，成为了一名语文教师。

大家听到这里，也许听出我的口音较重，方言土语较多，特别是说普通话时，往往"z、c、s"和"zh、ch、sh"分不清，那么在教学方面，这就成了一大障碍。我也深刻地认识到：一名合格的教师，普通话是我们的职业语言，如果我在工作说话，必然会影响表情达意，阻碍师生感情交流。

于是，在我第一次登上三尺讲台时，我就与我的学生说了我的实际情况，希望他们在课堂上当我的学生兼普通话检测员，课下做我的朋友。

经过一段时间的互帮互学，我的普通话水平有所提高，粉笔字书写水平也有了较大的进步。学生给了我这么贵重的"礼物"，当老师的我，能不担起这责任吗？所以我给了学生两样东西：

一、是传授知识；二、是教学生怎样做人。

因为，未来的社会是人才的社会，我们的下一代如何面对竞争，并在竞争中取胜呢？这不仅涉及一个人的知识技能，而且涉及人的全面发展，即综合素质。

当我认识到这一点时，就不断地在教学方法上进行改革，着力提高学生的综合素质，让学生意识到社会需要有创新精神，实践能力强，有科学意识，人文素养高等全面发展的人才。

家长把孩子送到学校里来，他们有权利关注孩子该学什么，什么对将来的前途有用等。那么这就要求我们教师对教学进行改革。

大家也许会问，你是怎样对教学进行改革的呢？下面，就谈一下我的教学生涯吧！

我现在担任的是初一语文这门课程的教师，大家对这一门课程已有深刻的了解。提高学生的语文素养，是一项慢功夫，需要老师用丰富的知识，开阔学生的视野，使学生尽快对语文产生兴趣。另外，教师要指导学生学以致用，让学生把学到的知识，随时随地运用到实践中去，灵活运用所学知识，这样既锻炼了他们的实践能力，又培养了学生的创新精神，何乐而不为呢？

我国著名的化学家卢嘉锡，曾在厦门担任过中学数学老师。一天，一位学生拿着一道看似容易，但又一时解不开的题向他请教。他拿到题目，在图书馆翻阅了大量有关资料，才在最新出版的外国期刊上找到这道难题的答案。卢嘉锡向学生详细；讲解了这道题的解题方法和具体过程，直到那个学生完全弄懂为止。他与那个学生说："闽南有句话，叫作'只有状元学生，没有状元先生'，我现在虽然在教你们，但也有许多东西不懂，要进一步学习。"学生听了大为感动。我从卢嘉锡的教学方法中悟出一些道理：为何不让学生站上讲台呢？

于是，上课之前，我就按照学生的学号让每个同学站上讲台讲个故事，并让他们把自己所讲的故事在课下写在日记上，并思考，你从中受到哪些启发。

这样一方面培养了学生的搜集能力和组织材料的能力，另一方面提高了学生的口语表达能力，并促进了他们形成积极向上的人生观、价值观和世界观。

在课堂上，我有时会给学生讲一节示范课，然后让一个学生当一次"老师"，并引导他们怎样启发学生，怎样说过渡语，怎样板书等。后来，我发现学生比老师的教学效果还要好。

更让我感动的是在一次作文课上，我让学生互批互改作文，然后写出作文的优缺点及修改意见，并把自己的心得体会写在作文上。等我批改作文时，我惊异地发现，学生提出的修改意见，远远超过了老师的想象，他们改得不但丰富多彩，而且有独到见解。

于是，我们就形成了师生互动、能者为师的局面，大家进步很快。另外，我还在课外阅读期间，经常开展一些有趣的活动，如让学生根据成语讲故事，表演节目，听有关语文方面的录音等。

对于课文当中能表演的，就让学生根据课文演一则小品之类的"文艺活动"。

还记得讲授《皇帝的新装》时，我就让学生发挥自己的想象，扮演其中的角色。那堂课，真让我大开眼界，真没想到，他们竟演得如此成功。这样的活动不但增加了学生的语文兴趣，而且培养了他们的创新精神，还把学到的知识灵活地运用到实践中去。

我常教育我的学生，你学多少，就会多少、用多少，从一点一滴出发，慢慢积累所学的知识，这样你才能在知识的海洋里，自由自在地遨游。另外，我还要求他们要有敢想、敢问、敢闯、敢于探索的精神等。经过这种教育的学生难道不是社会所需要的人才吗？

我刚刚进行教育教学实践，在大家面前只是班门弄斧。因此，我殷切地盼望领导、老师给我提出宝贵的意见。相信在我们的共同努力下，教育的春天必将生机盎然！

我的发言完毕，谢谢大家！

语言在教学中的运用

大学毕业后，我一度认为凭着自己的学识，一定会实现学生学习上成绩的飞跃，让每名学生都成为令人羡慕的佼佼者。然而两年的教学生涯却使我不断深思这个问题，如何从理念上让学生乐学善学？这其实是在大学期间所学不到的知识！

在教育界是否能推行"教师能用良好的语言教学"？这里所

说的语言并非专指传授知识所用的语言，还包括教师调整学生心理因素等所运用的语言。

在教学过程中，教师作为知识的传授者和道德的改造者不应忽视学生的人格特点和心理状态。忽视了心理因素和气质因素，忽视了教师本人的态度和语言对学生的重要影响则不会达到预期的教学效果。因此，语言作为教学中具有深刻意义的要素，起着非同寻常的重要作用。研究证明：学生在学习过程中，学习的心理防线一旦崩溃，危害各种学习的因素就会疯狂反扑，对机体发动致命的攻击，这时学生则会沦为学习的牺牲品。意志消沉、不思进取、沉于现况等，往往是这时期学生最主要的表现。任课教师及班主任面对这种情况，都会心急如焚。那么如何来引导并且转化这一情况呢？

首先老师应该利用学生的求知欲，用恰当的语言指出学生不学习的危害，要学生认真对待学习，不能掉以轻心，鼓励学生树立起战胜坏习惯的信心，使学生与老师密切配合，愉快地学习。接着，学生需严格按照老师的要求，仔细地学习。最后，老师还要开导学生，帮助其消除学习上的紧张、恐惧、忧愁等不良情绪。只要语言得体，即使是那些固执己见的学生也会接受这些劝告，他们会逐渐对学习产生兴趣，学习成绩也会逐步提高。

老师还要会"治"人，针对不同学生的心理状态、情绪变化、性格特点、学生之间的人际关系和所处的社会环境等，用切实的言语进行耐心的说服开导、告诫和鼓励，使学生的消极情绪转化为积极情绪，早日改正各种坏习惯。

值得注意的是：学生对老师的信任，往往比教学本身更重要，因为它是决定教学成功的关键因素之一。而学生对老师的信任程度很大程度上又取决于老师的言语。

老师的重要任务之一，就是用恰当的语言强化学生学习的希望、信心和学习意志，激发学生的潜能，使其积极调动自己的全部身心力量进行有效的学习。有趣的是：当学生坚持认为某种教学会起作用时，这种教学就会生效；而学生一旦怀疑这种教学的效果时，这种教学就会面临危机。影响教学的生效与危机关键因素之一便是言语的恰当应用。

所以在推行素质教育的今天，为了明天的孩子，教师应学会用和蔼可亲的态度、优美的和谐的言语尽可能使教学产生积极的心理效应，使教学发挥出最佳的教学效果！

课堂回声

——听《岳阳楼记》带来的全新感受

8:10，程翔老师走上聊城八中的讲台，他今天要给学生讲授的是范仲淹的名篇《岳阳楼记》。

上课伊始，程翔老师家常式的开场白："同学们，今天我们讲解《岳阳楼记》这篇课文，请问课下对文章读了一遍的举手。"大多数同学举手。老师又问："读了两遍的请举手。"只有少数几个同学举手。老师再问："读了三遍的请举手。"至此，没有同学再举手。程翔老师环视全班，告诉同学们快速地自读文章。课堂进入自读文章的阶段，在此间隙，程翔老师在黑板上用工整的楷书写下题目《岳阳楼记》。

听课到这里，我不禁感叹程翔老师教学的高妙，授课是要先了解学情的，不了解学情的课堂可谓无的放矢。程翔老师自然亲切的一问一答，便将学生对文章的预习程度了然于心。学生熟知课文是授课的前提，唯有熟知课文才会有下一步课堂思想深度的碰撞，才会有下一步课堂妙语连珠的绽放。程翔老师让学生自然而然地深入自读课文，进而形成学生自己独特的情感体验，为即将开始的课堂教学做好准备。黑板上工整的板书，亦是蕴书写教育于潜移默化中。程翔老师作为语文学科的知名教育家，他在课堂上倾注的细节——规范的书写，对我们这些奋斗在教学一线上的普通教师何尝不是一次有益的教育。真是：课堂无小事，一笔一画总关情。

学生自主诵读完毕，程翔老师请班级一名同学示范诵读，在读到"墙倾楫摧"时，学生将"楫"字读成"jì"，程翔老师及时指出正确读音为"jí"。课堂原生态的生成既是学生现有水平的体现，又是老师教学水平的体现。随后，程翔老师让同学们对示范诵读点评。一名同学从读的流利程度、感情投入等方面进行评价，认为文章读得较流利，但有读错字的情况而且缺乏情感。有了点评，程翔老师顺水推舟："你能否根据自己的情感体验诵读文章？"这位点评的同学继而诵读课文。这名同学已有一定的情感体验，从情感饱和度上，朗读水平较第一位同学有很大的改观。读毕，程翔老师给予肯定："情感饱满、句子停顿恰当、声调起伏富有韵律。"程翔老师虽然点评的是一位同学的诵读，但是其余同学也定会受益匪浅。最后程翔老师让全体同学再次有感情地集体诵读文章。

至此，每生至少读了三遍课文（第一遍是课前预习，第二遍是自主诵读，第三遍是集体诵读），相信班级中每名学生都对课文有了初步的感知，为下一步的授课做了充分的准备。从另一个方面讲，程翔老师的授课契合了《语文课程标准》的要求。《语文课程标准》明确指出：学生是学习和发展的主体。语文课程必须根据学生身心发展和语文学习的特点，关注学生的个体差异和不同的学习需求，爱护学生的好奇心和求知欲，充分激发学生的主体意识和进取精神，倡导自主、合作、探究的学习方式。教学内容的确定、教学方法的选择、评价方式的设计都应该有助于这种学习方式的形成。程翔老师正是基于学生的实际，采用了阅读、阅读、再阅读的教学方法。这真可谓是：授课三遍读，声之韵，蕴乎情；学情与教学，成竹在心胸。

再看程翔老师娓娓道来："读懂了文章一点点的，请举手，谈一谈自己懂得了什么。"一名学生起立，简单谈了谈自己的见解，可无关文章要旨。这时程翔老师便让学生前后位组合，四人为一小组，结合文章注释和文义，商讨交流自己的见解。通过合作、互助、探究及程翔老师的点拨、引领，文章内容逐步呈现。

程翔老师颇具匠心地一问："读文章，读出不一样心情的请举手。"一石激起千层浪，学生纷纷发言，有的说，读阴风怒号，心情感到悲凉；有的说，读春和景明，心情感到喜悦。此间，程翔老师又指导学生读的方法：悲凉的句子用减弱的音调去读；喜悦的句子用渐强的音调去读。这节课的可贵之处在于程翔老师身体力行，亲自范读，伴随着程翔老师，掷地有声的语言，让我看到了一名优秀语文老师应具有的才能。程翔老师声情并茂的诵读，如醍醐灌顶，影响着在座的每一位学生，学生的向师性决定了不久的将来他们中间定会出现几个优秀的诵读者，也许还会出现朗诵家，这不正是春风化雨、润物无声的言传身教吗？授课进行中，面对着课文的两种景色，两种心情，程翔老师引领同学们继续走向文章的深处。程翔老师也巧妙地点拨出文章的写作思路，由"迁客骚人"转入到"古仁人",即由景入情。

一堂普普通通的课,呈现出程翔老师高屋建瓴的授课艺术。有创意的朗读指导,让学生在反复的朗读之中感悟课文的内容,对课文进行"信息提取"的方法将学生引入课文。程翔老师在授课中分析提炼课文的写作思路,在分析提炼之中让学生自己发现课文构思与写作的奥秘并以此作为学生构思写作的范本。授课思路层层剥笋般地清晰,正是源于老师自身的深厚底蕴。真是:台上三分钟,台下十年功。由课文的剖析解读转到文章的写作思路上,是对学生的有益引领,也是对台下观课教师授课思路的指引,正可谓:授,亦有法。

古云:文以载道。《岳阳横记》亦是如此。程翔老师最后总结:"文章不仅仅想表达古仁人不以物喜,不以己悲之情,反观首段,此还规劝了好友滕子京要先天下之忧而忧,后天下之乐而乐,要心系天下苍生。当政者要心有民,忧民之忧,乐民之乐。"程翔老师时刻不忘提升学生的思想品格。《语文新课程标准》明确提出:语文课程应为提高学生道德品质(思想道德素质)和科学文化素养,弘扬和培育民族精神,增强民族创造力和凝聚力发挥积极的作用。语文课程还应通过优秀文化的熏陶感染,提高学生的思想道德修养和审美情趣,使他们逐步形成良好的个性和健全的人格,促进德、智、体、美等各方面的和谐发展。程翔老师在课堂上不忘提升学生思想道德修养,教在当下,放眼未来。听程翔老师讲课让人感到一种美:思想的美。

纵观全课,程翔老师授课有章有法。自我阅读环节禁止学生相互讨论交流,培养了学生自主阅读的能力。这一步的教学目的:一是有利授课老师摸清学生认知度,二是发挥学生自己的主体作用。本环节学生以个体为单位,凭借自身古文方面的知识积累和现实生活的经验，根据文章注释加上自己的想象理解文章中的语言知识、文化知识和思想感情，以此实现思维锻炼形成自我阅读能力，这一学习过程是自我构建知识的过程也是自我探索问题、发现问题、解决问题的过程。小组交流环节，可以使学生发现不同于自己的见解和自己与他人的距离。从而调整吸收他人正确的知识和观点，产生新的知识增长点，这是学生重新构建知识的必由之路，也是健康发展促进合作意识的重要环节。程翔老师设置"读懂了一点点的同学请举手"环节，这一环节的主要目的是培养学生自觉质疑的习惯。学生根据自己的阅读感受和疑问进行的自觉的无遮拦的问答是一种真实有效的问答。这有利于学生养成独立思考、质疑探索的习惯，增强思维的严密性深刻性。思想内容方面的环节，是扩展知识、提升兴趣、陶冶情操的过程。程翔老师在学生弄懂弄通文章的基础上，恰当补充，升华与所学内容有关的知识，可以提升学生的思想境界。这对学生知识的扩展，使课堂"小语文"变成课外"大语文"都具有促进作用，实现了知识的理解、吸收、扩展、加工和重构。

程翔老师的课真正让学生成为学习的主人，使其在自主、民主的氛围里阅读、合作、交流、探索、创新，真正实现了《语文新课程标准》提倡的：创设有利于引导学生主动学习的课程实施环境，提高学生自主学习、合作交流以及分析和解决问题的能力。

总之，程翔老师执教的《岳阳楼记》这节课，无不契合了《语文新课程标准》的要求，它是睿智、灵巧、神韵、厚重的一堂精彩纷呈的课。

（此文改编为《上出不一样的精彩》，发表于2016年5月11日的《中国教师报》）

语文的精神——爱国

  爱国主义是一种道德意识和情感，这种意识和情感，是千百年来世代相传的人们对自己的祖国、自己的文化及自己民族的优秀传统的热爱。这种感情集中表现为民族自尊心和自信心，对自己祖国的命运、人民利益的关心与献身。所以，我们要教育学生热爱自己的祖国、树立民族自豪感，比如在学习《春望》《过零丁洋》《藤野先生》《祖国啊，我亲爱的祖国》等文章时，教师让学生多读、熟读，充分感受我们这个不屈的民族，在那么艰苦的环境中，为反抗侵略及黑暗统治，进行的不屈不挠的斗争。让学生想想那时的环境，再想想自己现在的生活环境，让学生对比一下，想想我们今天的幸福时光来得多么不容易，我们应该怎样去做。以此对学生渗透爱国主义教育，让学生懂得我们的民族是一个伟大的民族、英雄的民族，值得自豪的民族。

  爱国主义如长江黄河，源远流长，奔流不息。我国有许多名胜古迹，美丽风光，我们对祖国的一草一木，一山一水都应热爱。每一个中华儿女，都应为民族的复兴而奋斗。

  我们还要结合中学生心理发育的特征进行爱国主义教育。现在的学生大多是独生子女，他们的思想特征和道德行为与过去的同龄人有许多不同之处，对他们进行教育就必须加强针对性。

  如课外拓展，我们可以让学生上网看《周总理的睡衣》，启发学生联系电视、电影中看到的旧社会穷苦人衣服破烂的样子，了解"补丁"一词的意思。再引导他们想想并说说对"睡衣上已经有好几个补丁了"这句话的理解，紧接着可以问学生：新中国成立以后，生活已经好转了，邓奶奶为什么还要补睡衣，周总理为什么还要穿带补丁的睡衣呢？通过对生活的理解，使学生深刻体会到周总理、邓奶奶的生活作风是多么艰苦朴素，而且多年来一直保持着这种好作风，进而使学生对老一辈革命家产生无比敬爱的感情，同时也触及了自己的心灵。

注意语言描绘，创设情境，激发学生兴趣。在语文教学中对学生进行德育，关键是对学生"动之以情"，使之感情上产生波澜，教师应以自己饱满的情感，准确、生动、形象的语言描绘，再现教材中的某些情境，这是增强学生感染力的一种方法。如教《三峡》一课时，我用优美的语言及饱满的情感向学生描述了三峡一年四季的美丽景色，并配以生动的图画，学生们边看边听，不知不觉就怀着浓厚的审美情趣进入到作品中去了，从而激发了学生热爱祖国大好河山的思想感情。

又如课外拓展时，我让同学们阅读《一夜的工作》，然后，我满怀崇敬的心情给大家讲了一些敬爱的周总理为了人民的利益，为了国家日理万机，以惊人的毅力超负荷地工作，得了癌症在病床上依然坚持工作，直到生命的最后。同学们都感动得热泪盈眶，这是因为在他们心目中，周总理再一次为他们树立了榜样，从而产生共鸣，受到了教育，更加尊敬周总理，达到了陶冶情操净化灵魂的目的。

当然，对学生进行爱国教育的内容很多，只要我们教师能时刻注重对学生进行爱国主义教育，抓住适当的机会，结合中学生的心理特点，运用恰当的方法对学生进行启发引导，那么语文的育人功能就会在语文教学中得到充分发挥，从而为培养新时代人才打下坚定的基础。

语文课堂的控制力

随着语文改革的进行，语文课堂出现新的局面，课堂很是热闹，学生在课堂上尽情展示，学生活动充斥整个课堂，老师则退居一边。在这种情况下我们作为老师应该如何作为？如何来调控课堂呢？下面我就做一些介绍。

语文课堂的控制力就是指语文教师对整个课堂中老师教与学生学两种行为的控制能力。老师既要对自己的教课有控制能力，也要对学生学的行为有控制能力。我们都知道：课堂45分钟对学生而言是生命历程的重要组成部分。而学生的生命历程不能是为所欲为的，他是要受到制约的，这个制约就要依靠语文老师的课堂控制力。那么语文课堂的课堂控制力包括什么呢？

其一，对课堂中学生出现的不良情感倾向要进行控制

在课堂中，学生的学习包括他的学习态度、学习情感、学习行为等，也就是新课程标准中指出的：情感态度价值观问题。在课堂中，我们作为一名语文老师要对其进行控制。学生是要张扬个性的，我们要尊重学生的生命体验，但当学生有错误的意识倾向时我们要给予必要的控制。

其二，对课堂中出现的"话霸"现象要进行控制

"话霸"现象是指在同一课堂中少数学生屡次发言，发言次数过多，限制了多数学生发言的一种现象。课堂积极发言值得肯定，但我们要对发言过长的同学进行控制，课堂的话语权不能局限在几人手中，语文老师有必要控制发言的长度。如我在讲授《水调歌头·明月几时有》一词时，有两位学生发言积极，发言质量也很高、很精彩，可是45分钟的课堂，他俩的发言占了将近20分钟的时间长此以往，就会形成积极发言的越发积极，消极的越发消极，无法全面提高学生的语文素养。所以我们有必要给学生均等的机会，推动整体的前进，这也是要进行课堂控制的一个原因。

也有老师会有顾虑，一节课如果照顾全体学生的发言权，那老师还能讲授多少呢？课堂任务能完成么？这里就涉及老师备课的问题，备课时是否把学生也备进去了呢？各课还应老师任务分配的问题，任务分配是否化整为零呢？如果再有疑虑，我推荐老师们参观杜郎口中学的语文课堂，分工合理课堂应该是非常精彩的。

其三，对语文课堂教学步骤进行控制

教师对课堂的安排不是平均用力的，而是是有控制的，讲解文章的哪一部分用时较多，也就是哪一部分是重难点一定要做到心中有数。所以教师在设计课堂时，要安排好先后次序，第一步做什么，第二步做什么，如何推动课堂进程，要了然于心，这也是对课堂的一种有效控制。否则的话，课堂就会处于一种无序的状态，教师就会失去对课堂的推动方向的把控。例如，在教授《斑羚飞渡》一文时，我就设计了三个教学步骤。第一步是"想一想"，让学生回想自己预习的收获，并进行展示，用时较少。第二步是"谈谈新认识"，重点是针对课文分析精彩词句、探讨文章主旨，用时较多。第三步是"议一议"，重点是收获盘点总结，用时较少。整堂课有条不紊，学生的思路顺承而下，取得了很好的效果，这就是一种对语文课堂教学步骤的有效控制。教师是课堂的主导是不可变的，教师应该对语文课堂教学步骤进行控制，它体现在教师对课堂进度、课堂起伏、课堂节奏控制上，如果处理得当，

课堂一定很流畅。

其四，对使用的语文教材要进行控制

新课程标准指出：教师在使用教材上应该是主动的，要进行二次开发，让教材为我所用，使自己成为教材的"主人"。传统的教材使用是被动的、是机械化的，教材中出现什么样的文章，教师便从第一篇课文不加变通地讲授到最后一文，成为教材的"奴隶"，这就是没有对教材进行控制。

我们知道，教师讲授课本上的所有的文章不现实的，时间也不允许，都讲也讲不完。所以我们作为语文老师没必要面面俱到，而应该根据需要有取舍地进行讲读，领会教材编写者的意图，对课本的单元编排做到心中有数，备课也要做到"成竹在胸"，对每一单元的课文完全可以自行调整，变教材为用教材教。教材是工具，我们可以改造教材，做教科研型的语文老师，只有如此我们的语文教学效果才会在现有基础上突飞猛进，否则我们会慢慢地变成"教书匠"。

对教材的使用我们也要有一定的原则，对教材中出现的那些千古传颂的名家名篇，一定要重锤敲打，反复品味，熟读成诵，以此来奠定学生的文化根基，夯实学生的文化底蕴。对新选入教材的篇目，要灵活运用，结合自己的教学需要，可以把一部分课文拣出来，让学生自己结合单元要求自主阅读，教师帮助理解，提高学生能力，这样也对学生的写作能力提高有很大的帮助。我们都知道，学习完如《岳阳楼记》这样的经典文章，不可能要求学生写出《岳阳楼记》类的文章，但是学习完一篇新选入教材的现代文篇目，学生就有可能结合其特点创作出新文章。这就是教教材和利用教材教的区别，我们要对语文教材进行控制。

其五，对使用的语文教具要进行控制

记得我去潍坊参加语文课堂大赛，见到一位教师仅凭借着一支粉笔、一张嘴巴，就获得了听课老师的一致认可，这就涉及教师如何利用语文教具的问题。时下的语文课无论是公开课还是优质课，一个突出的现象是多媒体的广泛应用，离了多媒体课堂仿佛无法进行。多媒体到底起多大的作用呢？这要从语文学科的特点说起，语文的学习是对语言文字的学习，目的是培养学生掌握语言文字的能力，用掌握表情达意的能力。课堂中的品词酌句、欣赏句子、解读含义，都是学生终生受用的东西，而声、光、电组合的多媒体是不是将语文课堂变成了一种影视课堂？多媒体能对学生的视觉产生冲击，但留有余味的东西又有多少呢？因此，我认为有必要对语文多媒体教具进行控制。

语文课堂上，教师应该让学生实实在在地学点东西，在潜移默化中培养其能力，指导学生把语文内在的东西、根本性的东西（字、词、句）的丰富内涵挖掘出来，把文章的整体构造、精巧布局提炼出来。在实际课堂操作中如果教师控制不当，语文课堂的性质往往会发生转变，将语文课变成影视课。例如，在我校组织的公开课评选中，一位老师讲授余光中的《乡愁》，整个课堂烘托在音乐中，教师利用幻灯片一页一页地介绍余光中本人、余光中的诗集、余光中的创作历程，还播放了关于思乡的歌曲，课堂很是热闹、有趣。可教研组听完课后提出了一个问题，整堂课介绍了这么多，为什么独独没有分析《乡愁》呢？诗歌是要细细品味语言的，课堂要扣到诗歌本身上来。这位老师利用了教具，但利用得不恰当，没有起到应有的效果，所以在教具面前教师要有清醒的头脑，不要一味追求花里胡哨的东西而丢掉内在的东西。教具是为教学服务的，它不应该成为主宰课堂的绝对力量，控制课堂的是我们语文教师，我们才是教具的主人。

语文课堂的控制有一个重要任务，那就是通过课堂的控制使我们的学生成长为大写的人，学生的成长体验得到全面尊重，课堂结构更精致有序，我们的语文课堂更加具有语文的味道。

（此文改编为《略论语文课的控制力》，发表于2012年第007期《山东教育·中学刊》）

语文的好帮手

故事，有的是群众智慧的结晶，有的是文人呕心沥血的创造，它以其独特的魅力强烈地吸引着学生。教师可以利用学生喜爱故事的心理特点，把故事引入课堂，来实现教学目的，激发学生的学习兴趣。

爱因斯坦说过：兴趣是最好的教师。的确，学生对自己感兴趣的问题总是报以积极的态度，并在这种心理作用下做出最大努力，取得最佳效果。故事，因其生动、有趣，而使学生产生浓厚兴趣。因此，教师可以利用故事造成一种"先声夺人"之势，引发学生"欲知下事如何？"的求知心理。例如，初中语文第一册中《皇帝的新装》一文，皇帝听到两个骗子说：他们能织出人间最美丽的布，这种布不仅色彩和图案都分外美观，而且用这种布缝出来的衣服还有一种特性：任何愚蠢的人，都看不见这件衣服。学生听了故事就会想知道这究竟是什么布料呢，从而激发了学生兴趣，引发学生急于探寻文章精神的求知欲。

除了运用故事激发学生的学习兴趣，我们还可以把故事当作兴奋剂，活跃课堂气氛。课堂教学的生命就是"活"，想要达到这一目标需要教师的教学方法灵活，学生思考、回答课堂问题的情绪热烈。唯其如此，才能提高教学质量，完成教学任务。某些文章的内容较沉重，教师在讲授这些文章时，课堂上会出现气氛沉闷、压抑的现象，以至于教学效果受到影响。遇到这种情况，教师可以适当插入故事，振奋学生精神。如，我在讲授初中语文第一册的《从百草园到三味书屋》一文时，插入了长妈妈讲"美女蛇"的故事，既增添了百草园的神秘色彩，也使得它更有情趣。学生听后，课堂气氛马上活跃起来，学生的疲劳状态得到调整，精神饱满地投入了学习。

　　我们在教学中，还可以用故事阐释概念，使抽象的问题具象化。初中学生的普遍心理特点是喜形象，不喜抽象，喜感情，不喜理性。他们对一些定义、概念很难理解，如果教师巧用故事，对抽象问题做形象解释，就能化难为易，使学生易于接受和掌握，从而达到教学目的。如，初中语文第一册中孟浩然写的《过故人庄》一诗，先写老朋友杀了鸡，准备了酒菜，邀"我"到他家中做客，然后打开窗子，眼前是农家的晒谷场和菜园子，安静、平和，双方一边喝酒一边说农事，愉悦的心情似乎把人们带到了世外桃源，把世间的忧愁都忘得一干二净。这里作者运用了简单的事例，将抽象的概念做了形象的阐释，使学生在欢快的笑声中对这首古诗有了具体的概念。

　　总之，把故事用于语文教学，易行、有效，值得一试，但故事必须结合课文内容，切忌漫无边际，喧宾夺主，把语文课变为故事课。

主动参与

美国著名心理学家布鲁纳说："学习者不应是信息的被动接受者，而应是知识获取过程的主动参与者。"课堂教学活动是教师和学生共同进行的多边活动。在这一活动中，只有通过学生亲身参与、自主探索，才能实现知识能力的转化，才能培养学生的创新意识。那么，如何在语文课堂教学中引导学生主动参与呢？我认为以下几点做法有一定效果。

一、创设融洽情境，使学生有主动参与的热情，爱其师才能信其道。良好的师生情感、愉快的学习氛围能激发学生求知欲望，调动学生积极性，促使学生在课堂教学中产生强烈的参与欲望，乐于参与。学生不喜欢板着脸的老师，他们喜欢和蔼可亲、充满朝气的老师，所以我们作为教师要对学生尊重、信任、热爱，并创设愉快的课堂气氛，使学生有一种愉快的感觉，从而促使他们积极主动地参与学习，体验学习的乐趣和成功的喜悦，融洽的师生情感是学生主动参与的先决条件。

二、创设悬念情境，激发学生参与的动机。如果说问题是探索的材料，那么悬念便是探索的动机与调味剂。中学生天生好奇，在接触事物时往往会产生探究的欲望，在课堂教学中，教师可以抓住学生这个特点，通过创设问题情境触发学生的好奇心，激发学生主动参与的热情。如教学《孙权劝学》一文时，我画了一幅简笔画并向学生提问："吕蒙是如何蜕变，留下士别三日，定当刮目相看的呢？"这样创设问题情境，产生悬念，学生的学习兴趣放会提高。当然，教师不仅要在一堂课开始时创设问题情境，更应该使学生置身于情境之中，让学生主动提出问题，产生主动参与的需求。

三、创设空白情境，为学生提供参与的机会。陶行知认为：创造教育是培养民族活动的教育，是培养学生独出心裁能力的教育，而在创造教育中行为、思想是创造中两大重要的、不可缺少的因素。因此，在语文教学活动中，教师要善于根据教材内容的特点和班级学生的实际情况，想方设法地创设条件，为学生提供更多参与的机会，这是引导学生主动参与学习过程的关键，也是发挥教师主导作用和学生主体作用的落脚点。组织学生进行讨论是很有效的一种形式，讨论能集思广益，既有利于实现学生的主动参与，使每个学生都有充分表现的机会，又有利于学生之间的多向交流，学习别人的长处和优点，培养学生的协作精神和集体精神。教学中，教师要根据教学重点难精心设计问题、准备讨论材料或鼓励学生质疑问难，并组织学生进行讨论，让学生在多向交流中主动参与学习过程，提高语文素质。如在教学《白杨礼赞》一文，文中有一些初中生难以理解的句子。我在引导学生提出问题后，把这些句子列在了投影片上，让学生按不同要求进行小组讨论，大家各抒己见，课堂气氛非常活跃，甚至班中最不积极的学生也踊跃参与，发表自己的看法。

总之，在语文课堂教学中，教师要千方百计地引导全体学生主动参与学习全过程，发挥学生的主体作用，这样才能使我们的课堂充满活力，提高教学质量。

训练书写

当今社会科技飞速发展，人民生活日新月异。作为语文教师更应引导学生重视书写，明确汉字规范化书写的重要性。从大的方面讲，汉字是中国文化的基石也是全世界最具艺术魅力的语文载体之一，作为炎黄子孙，我们每个人都理应从小刻苦训练，写一笔好字；从小的方面说，字写好了，作文考试卷面就可以美观，方便阅卷老师批阅试卷，将来到了社会上，也能给人一个好印象。

我刚刚担任三班的班主任时，尽管班里多数同学都能认识到书写的重要性，也有提高书写水平的愿望，但很少有人能坚持认真训练，学生的书写质量普遍不容乐观。这些同学写的字，或缺臂断腿或画蛇添足；或字迹潦草，难以辨认；或怪形怪状，毫无美感可言；还有的错别字连篇，更不用说美观了，一言以蔽之，这些同学写的字缺乏规矩。针对这种情况，我把训练书写当作了一项语文教学的重要任务。

一位在语文界很有声望的老前辈曾这样说过："字，写得清楚，人家容易看；写得美，人家喜欢看。"我在教学中采取了多种方法来训练学生书写。

1.每天练一页字，都是课文中常用字。

2.每教学一新课，生字要工整抄写两遍。

3.要求一律用方格或田字格本做作业。

4.作文中被圈出的错别字，改正并重写一行。

5.作业"脏、乱、差",需重新做。

6.每人准备一本(至少)字帖,临帖或摹帖均可。

7.教师躬亲示范,无论板书,还是批改作业,都做到字迹工整、规矩。

这样,通过各种途径和方法,班级学生面对一个个充满魅力的汉字时,肯定会有写好它们的愿望的。当然,我们不企望每个中学生都成为书法家,书写不是一件小事情。想把汉字写美,需要很多的努力,但把汉字写清楚,写规矩,则是中学生完全可以做到的。

初中是一个人的字成型的重要阶段,如果这时候还没有养成良好的书写习惯,那么他将会遗憾终生。

研究性阅读

阅读教学的实质在于培养、提高学生的思维能力和语言表达能力,促进学生的全面发展。研究性阅读,就是在阅读中展开研究,提出自己的见解。我依据学生的认知水平和阅读课型特点设计阅读程序,构建了一套研究性阅读教学模式。

我通过实践得出:研究教学目标,有利于解放学生。裴斯泰洛齐指出:教育的目的在于发展人的一切天赋力量和能力。他认为这种发展是和谐发展。鼓励、促进和加强这种发展,永远是教育的目的。只有构建素质化的教学目标,才能有利于学生的发展。从阅读的目标看,研究性阅读具有开放性和挑战性,即阅读要求比较宽泛，只为学生提供一个探索的方向，并且这个指向性任务富有挑战意味，需要学生鼓足勇气去研究。如读《木兰诗》一文，学生需要广泛搜集资料并研究：木兰为什么要从军？木兰战功显赫，为什么不做尚书郎？在阅读课堂教学中，教师不仅要让学生了解课文内容，获取知识，还要通过词、句、段、篇等方面的研究，训练、提高学生的阅读能力，重视学生发展，激发创造、分析、研究，培养学生的综合素质。只要教师有了这个意识，课堂教学就能一改以往只偏重课文内容理解的传统教学模式，从而把学生从呆板机械的知识学习中解放出来。

教学目标的研究还体现在我们的教学对象中，教师面对的是学生，是具有思想、情感的小生灵，他们各具特点，不能被统一的尺度衡量。因此，在教学目标应具有层次性、变化性。只有这样，才能真正解放学生的头脑，让他们自觉地成为学习的主人。

另外，研究教学内容可以开阔学生视野。从阅读的教学内容看，研究性阅读具有自主性和探索性，整个阅读过程都需要学生自己去经历、去探索，而不是教师包办代替或忽略阅读的过程，死记现存的结论。如读《桃花源记》，就需要学生思考发现桃花源的过程。教师要让学生研究桃花源在哪里，桃花源在现实中存在吗？研究性阅读教学应以素质教育为宗旨，树立大语文观，在教学中努力拓宽学生的视野，为学生打下坚实的语言基础。

我们教学不仅让学生进行研究，我们自己还要研究教学方式，调动学生参与。从阅读的教学方式看，研究性阅读具有全面性和合作性，学生在阅读时要全方位搜集和整理相关资料，作为研究的背景，素材或参考。如读《观潮》一文，要探讨"钱塘潮是如何形成的"，学生就需要阅读有关资料，譬如读原著《喜看今日钱塘潮》。学生在阅读时需要与他人合作研究，即使一个人独自探索也离不开相资料或见解的帮助，这也是一种合作，只是合作伙伴比较隐蔽罢了。

阅读教学是学生在教师引导下进行的阅读实践活动，以往的阅读教学是教师设计好教学环节、教学步骤、教学问题，让学生围绕着教师的思路学习。课前教师为了帮助学生深层次地理解课文，绞尽脑汁地设计提问，大问题里套着小问题，将课堂教学变成了问答式、程式化教学。研究性的阅读教学，应该是教师围绕学生的学习活动进行指导、点拨，以学生为中心，充分发挥学生的主动性、积极性和创造性，让学生通过研究性阅读学习，提出不懂的问题，教师组织学生讨论问题，点拨学生理解问题，这样才能使学生敢想、敢问。如用传统教学方法讲授《三峡》一文时，教师常设问：文章从哪些方面写出三峡的美丽？是如何写的？答案是统一的，学生发言没有创造性。我运用研究性的阅读教学方式让学生自读、自研究、自悟学习课文时，设置的问题则是：这篇课文，你最喜欢哪些词句？为什么？还有什么不懂的地方？提出你想知道什么问题？这样，学生跃跃欲试，抢着说，争着发问。因为"人的内心有一种根深蒂固的需要——总想感到自己是发现者、研究者、探索者"，这样的教学，教师根本不愁学生不提问了。

同时，从研究教学结果看，研究性阅读有利于放飞学生心灵。研究性阅读具有创新性和不确定性，需要提出自己的见解，需要创新。如读《社戏》，社戏出现在哪里？小伙伴们的感情怎么样？学生完全可以见仁见智，提出自己的看法，不拘泥于所谓的标准答案。因此，学生阅读后的收获或见解是不确定的，即使同一个人在不同的时空所提出的观点也不尽相同，甚至截然相反。真理往往藏在一个又一个问号的背后，"学贵有疑""不会提出问题的学生不是好学生"。这要求我们要从平时教学中的点点滴滴做起，做到环环相扣，步步深入。在研究性阅读教学课堂上，教师是倾听者、激励者、营造者、提醒者点拨者，营造民主宽松的学习氛围，让每个学生在课堂上都具有安全感。教育要做到人人平等，学生的心灵一旦冲破牢笼，必将成为自由飞翔的思想雄鹰或纵横驰骋的骏马。只有注重对教学主体的研究，才能使教学深入到活动的内部，获得的结果才有价值。

最后，研究教学评价有利于激发学生发展。以小学和初中的教导大纲为例，新大纲十分重视研究性阅读，"提倡在学生读书思考的基础上，通过教师的指点，围绕重点展开讨论和交流，鼓励学生发表独立见解""鼓励运用探究性的学习方式""尤其要重视对学生创造性思维的培养"。研究性阅读重在研究，重在创新，其评价标准和方式不同于有固定答案的阅读。对学生心理能力进行评价，在于既评价了解学生的发展，又要以评价促进学生的发展，这样的教学，我们何乐不为呢？

年轻教师

大量的教学实践表明：学生喜欢一位老师，就会主动地去学习这位老师所教的科目；如果学生心理上不接受甚至排斥某位教师，那么他学习这门课的积极性就不高，学习效果自然不好。

年轻教师，尤其是刚参加工作的年轻教师，普遍具有极高的工作热情和积极性他们和学生年龄差距不大，易被学生接受，精力充沛且充满活力，具有接受新鲜事物较快等优点，很容易和学生"打成一片"。但由于年轻气盛、情绪控制力差、缺乏耐心持久等特点，他们又极易与学生产生冲突，引起自己的挫败感。如何才能让学生喜欢自己进而喜欢自己所任教的科目呢？我是从以下几方面进行努力的。

我们作为年轻教师，要勤学习，善学习，不断学习。学生对教师产生敬佩之情而主动去学习，主要基于教师自身扎实的专业知识及良好的综合素质。学生最佩服和喜欢业务扎实、知识渊博的教师，这就要求教师不仅要不断充电，夯实专业知识，同时积极吸收先进、广博的信息，不断提高自身的知识修养，培养多种兴趣。会学习的教师，才会培养爱学习的学生。我们自己要利用知识的魅力去吸引学生，引导学生去猎取各方面的知识，暗示学生只要努力，自己也完全可以拥有知识，同时要克服在学生面前"露一手"的思想，多为学生创造成功的机会。

我们学习的内容还包括对心理品质方面的修养和锻炼。记得自己刚参加工作的时候，由于工作、生活上的不如意我常常发脾气，情绪自控力较差，而这恰恰是拉开师生心理距离的原因。学生除了为教师的知识素养所折服外，更会被其从容的风度所吸引。这就需要教师主动接受心理健康教育，做一个乐观积极的可供学生学习的榜样。教师要做到每天在进教室之前，将自己的情绪调整到最佳点，满面微笑地走上讲台。

我们作为年轻教师，语言要有起有伏，兼具艺术性。过去有一种习惯说法，教师是吃开口饭的，这话有一定的道理，因为讲课离不开语言，这是教师职业的一个特点。优秀教师有一句名言，即"愿你的语言粘住学生"。某位优秀教师用"确切、明白、简洁、通俗、优美、形象"12个字来表示教学语言的基本要求。讲课的艺术不在于传授知识，而在于传授知识的前提——激励、唤醒和鼓舞。所以，在上课过程中，教师的语言除了简单明了之外，还应抑扬顿挫，有起有伏。这不仅能引起学生的注意，而且有助于激发学生听课的积极性，反过来又对教师的情绪起到好的影响。如此良性循环，课堂氛围渐入佳境，教学效果自然很好。

教师对在讨论、作业、辩论等活动中表现优秀的学生进行表扬时，要注重说话技巧，尤其不能忽视对学困生的表扬。比如："你回答得真完整，教师很喜欢听到你的声音""这次作业，你做得真不错，一定费了不少心思，老师谢谢你这么认真对待这门功课""你们组为有你而骄傲，你真了不起"等等。

同样，我们在批评学生时也要注意讲究说话的艺术，切勿出口伤人，尤其不要用讽刺、挖苦的话打击学生的自尊心。一般来说，教师应采用"先抑后扬"或谈心等学生更容易接受方式，抓住教育契机，就事论事，注意不要将学生的错误反复念叨，这不仅不利于学生接受批评，而且容易使学生从情感上疏远教师，产生逆反心理。

我们作为年轻教师，还要注重与学生的沟通和交流。要尊重学生，爱护学生。教育活动实质上是师生间心灵沟通与情感交汇的活动，情感与心灵是教师取得教育成果的有效的工具。有这样一句话：父母爱子女是一种本能，教师爱学生是一种境界。教师只有真诚地爱学生，才会产生成功的教育，而这种爱又来自教师在教育活动中的反思。要想达到苏霍姆林斯基所说的教育的顶峰——师生之间心灵交往的和谐境界，教师就要发现学生的优点、闪光点，为他创造成功的机会，帮他塑造信心，与他成为知心朋友，虚心接受学生提出的建议，并鼓励学生说出心中的真实想法。

从中学生的生理和心理特点来看，这一时期的他们极希望和老师拉近距离，渴望得到老师的认可，也愿意将自己的内心展现给贴心的年轻教师。这就要求年轻教师认真、细心甚至是小心翼翼地呵护学生的情感，正确处理学生向自己倾诉的心里话，使学生不只是尊敬老师，而且是发自内心地爱老师、喜欢老师，愿意让老师成为他们的贴心人。

我们作为年轻教师，还要关注自身内在形象和外在形象。在学生心目中，教师是一切美的化身和效仿的榜样，这就要求我们自己重视自己的形象。在实际生活中，如果学生发现自己的老师并没有遵守社会公德，学生觉得心中美好的东西被破坏了。此时，教师高大的形象会在顷刻间土崩瓦解。教师言行不一，会使学生失望，教师将会失去在学生心中的地位，这就要求我们要加强人格修养，提高自身魅力指数。

同时，年轻教师也应注重自身的外在形象，中学生已有自己的审美，讲台上的老师其实是一道风景，既不能老气横秋，单一古板，也不宜浓妆艳抹，一味追求时髦。随着人们生活水平的提高，教师也应学习一些着装技巧，服装应与自己的年龄、气质相符，给学生留下清新、大方、得体的视觉印象。

总之，我们作为年轻教师，在将先进的教育理念引入课堂的同时，还要不断开拓进取，充分把握学生"脉搏"，更好地了解学生的思想动态，只有与学生真诚携手，才能共筑教育事业的巅峰。

他山之石　可以攻玉

有位著名的教育家说过：在人的一生中，没有什么比"把一个新生命带到这个世界上来，在长达十八年的时间里将他们抚养成人"这一任务更伟大的了。而把这一任务完成好，需要我们日积月累的聪明与智慧，以及勇气和爱心。

——题记

我县杜郎口中学声名鹊起，掀起了教改的春风，然而我们仍要创新，创新是一个民族不竭的发展动力。于是我们在县教育局领导的带领下组成考察团，奔赴昌乐二中、邹平临池中学、焦桥中学，亲临三校课堂，感受名校先进的教育教学理念，规范、创新的教育教学氛围。经过这次考察，我的思想得到了洗礼，精神为之一振，深感教学改革任重而道远。

初次踏入昌乐二中，我叹为观止：真是百闻不如一见。多么美丽漂亮、风格独特的县城中学！绕过优美的圆形音乐喷泉，我见到了宽大的后凹式的弧形主楼，这座标志性建筑，饱满而充满张力，与前趋的台阶和谐一致，富有博大宽阔的气度，彰显兼容并包的大气。这就是承载着昌乐二中莘莘学子的希望和梦想的学习环境啊！走进昌乐二中，"将规范修炼成一个习惯，把认真内化为一种性格"的标语悬挂在学校办公楼前，令我深思。这句标语承载着的育人的核心与杜郎口中学的"关注学生的生命"有异曲同工之妙。整个校园整洁而有秩序，虽是春寒料峭之际，却也阻挡不住校园焕发出的勃勃生机和盎然的春意。

此次考察，昌乐二中学校安排了两节观摩课，课间还带领我们观摩了学生的跑操，同时校方负责人给我们做了学校发展状况汇报。所见所闻，让我深有感触。

一是：校园内处处营造文化氛围，陶冶人的情操，提升人的品质。

"将规范修炼成一个习惯，把认真内化为一种性格"的标语，"把每个孩子的一生变成一个成功而精彩的故事"的宣言，"人一生一切一切的成功都是做人的成功"的格言，"播种行动，收获习惯；播种习惯，收获性格；播种性格，收获命运"的条幅，"仁者不忧，智者不惑，勇者不惧"的理念，"道德的力量和心灵的力量是世界上最伟大的力量"的基调。校园宣传栏的精致布局，教学楼文化长廊的多彩设置，班级独特新颖的命名，教室门前张贴的温馨提示，随处可见的醒目的双语宣传牌，高效学习评比之星大张旗鼓地展示，阅览室外精心悬挂的独具一格的阅读之星牌匾等，足见学校的独具匠心，意蕴深远。让学生时时刻刻置身于一种春风化雨般的感染与熏陶之中，润物细无声地改变学生的品行、有益地影响他们的人生成长轨迹。这是我初识昌乐二中的感触，同时对我们的校园文化建设、班级文化建设也是一个有益的借鉴。

二是：课堂教学学生的全员参与、积极的学风、务实的教风。

虽然昌乐二中校方负责人做学校发展状况汇报时说，现在还没有真正学到杜郎口中学的教改之"魂"，但是我认为昌乐二中的课改的确吸取了杜郎口中学课改的精髓，昌乐二中是踩在杜郎口的肩膀上摘星星，而又有所发展。相同的是，两者都属于"自主学习"，瞄准的都是"高效课堂"，杜郎口中学采用"336教学模式"，昌乐二中开展"271工程"，殊途同归！

昌乐二中高效学习计划正是对课改的一种诠释。课堂是否高效，很多时候取决于班级的学习氛围，在学生激情四溢的时候，他学什么都是高效的。昌乐二中模式即"271工程"，其核心是提高课堂教学的效率。最大限度地调动每位学生主动参与的积极性，体现"我的课堂我做主"的理念，同时转变教师的教学方式，变备教材、各教法为备学生、各学法，通过师生互动、学生自主、小组探究等提高课堂效率。我听了他们的两节课，确实如此，在每节课中都能看到教师引导点拨少而精，学生自主合作激烈，充分体现了学生的主体作用。昌乐二中的经验告诉我们，学校教育需要有多年扎实的文化积累，适合自己实际的、切实有效的教育理念和方法必须靠自己的努力不断去探索、总结。参观学习是拓展我们的视野、发现我们的不足、激发自我内驱力的一种方式，别人的经验只可参考，细细研究，无法复制、粘贴，关键是要有自己的汗水结晶、自己的智慧火花，因此，我们在今后的教学中还要处处用心，不断积淀自己的高效课堂。

随后，我们又考察、学习了邹平临池中学、焦桥中学的教学经验，我就高效课堂自己的谈谈感受。

其一，无论是杜郎口中学的"336课堂模式"、昌乐二中的"271工程"、兖州一中的"35+10"课堂，还是临池中学、焦桥中学课堂的教学展示，无一例外都是大容量而注重实效的课堂。所有的课堂都是一种小循环，由课上延伸到课下，又由课下循环到课上。就是把一节课分成两部分（展示部分、预习部分），前半段的主要任务是展示，学生经过上节课师生共同预习，也就是老师提出问题（引入新课）、介绍解决方法、指导学习方法后，课下根据预习指导和学案自主学习新课内容，完成问题探究和针对性作业，课上按照老师的要求，分组展示预习效果。后半段的主要任务是师生共同预习下一课，如此循环（也有学校将这部分放到了课下教师指导上，课堂上是纯展示，也是一种循环）。这种教学模式高效实用，真正做到让学生在课堂上学出质量。最大的优点是学生主动参与课堂教学，提高了学生学习的主动性，提高了学生的学习能力，课堂容量加大，提高了课堂效率，这也许就是教学改革的魂。这种模式对我们一线教师的教学有很好的启迪作用。

其二，教无定法。在遵循课堂模式的前提下，教师根据教学的具体内容，做适当的调整。课堂教学应该以什么方式和模式开展，需要我们认真思考和研究，更需要我们一线教师尝试和实践。教师要给学生提供自主探索的空间，创设适合学生发展的宽松的学习氛围。课堂上，我们看到学生的聪明才智，同时我们也要看到自己的聪明才智。高效课堂是挑战，更是机遇。高效课堂应该是经过教师在一段时间的教学之后，学生所获得的具体的进步和发展。也就是说，学生的进步和发展是有效教学的指标。这就需要我们认真领会课程改革的精髓，掌握全新的现代教育理念，优化课堂教学过程，追求在有限时间内实现学生发展的最大化，唤醒学生的主体意识，落实学生的主体地位，促进师生智慧的生成和生命的共同成长，使学生获得全面和谐的发展。高效课堂需要需要教师具有主导意识，富有创新精神，并能进行持续的反思探究，不断生成自己的教育智慧。

学校的生命在于教育教学质量，质量的关键在教师。我们只有认真努力地学习，打破固有的传统教育教学观念，解放思想，用自己高度的责任心和使命感去捍卫社会赋予我们的责任和荣誉，用他山之石来锻造我们的教育之玉，如此，学校的教育教学质量的提升指日可待。

用故事内化语文素养初探

对于如何深化课程改革，《教育部关于全面深化课程改革落实立德树人根本任务的意见》了明确的方向。这份文件中有个词引人关注：核心素养体系，它明确了学生应具备的适应终身发展和社会发展需要的必备品格和关键能力，突出强调个人修养、社会关爱、家国情怀，更加注重自主发展、合作参与、创新实践。核心素养体系被置于深化课程改革、落实立德树人目标的根本地位，成为下一步工作的关键因素。那么，教师在语文课中该如何落实、贯彻核心素养要义呢？

如今，语文教学的内容和形式较过去有了很大的变化，语文课堂变得丰富多彩，百花齐放，这就要求老师在课堂中切实发挥好组织者、引领者的作用，让核心素养的内容贯穿课堂始终。为此，我进行了用故事引领语文课的尝试，收到了意想不到的效果，可以说是一次有益的实践。

以七年级上册的《植树的牧羊人》一文为例，探析如何进行用故事引领语文课，从而内化核心素养的内容。可以从三方面具体实施。

一、熟读文本，把握主旨

要想用故事引领语文课，培养学生的核心素养，教师就必须熟读文本，深刻把握文本的主旨，只有这样才能准备出有价值的故事，做到故事与文本思想性的统一。一个把握不准文本的老师，他的课堂是不可想象的；只有熟读文本，老师才会有内心的感悟，才能形成自己的思想。也只有教师熟读文本，翻阅相关的文本资料，搜阅各类教学设计，才会深入把握文本的主旨，课堂设计才会游刃有余，充满灵性。

法国作家让·乔诺写的《植树的牧羊人》，记叙了"牧羊人"二十年来用双手和毅力将法国普罗旺斯地区阿尔卑斯山荒凉之地变成人们安居乐业的田园的故事。文本的主旨可从两方面把握：其一，从环保的方面把握，"牧羊人"种植树木，改造荒原，表现出人类勇于承担责任、与自然和谐共处的意识；其二，从人的方面把握，"牧羊人"以一己之力改造了荒原，这是对人类毅力、勇气和担当精神的赞美。主旨明确了，老师就知道了应该如何培养学生的个人修养。

二、尊重生命，思想碰撞

现在的教育提倡"以人为本"，让学生享受生命与成长，这也是核心素养中自主发展的关键。因此，在教学中教师要尊重学生，允许学生思想的碰撞，凸显学生课堂的主体地位。教学过程中，教师应用赏识的眼光对待每一位学生，尊重、信任每一位学生，让学生大胆地参与课堂教学活动，体会思想交流碰撞带来的乐趣。老师更应该承担起课堂组织者、引导者、参与者的责任，创造积极参与的氛围。我通过小组合作探究，激发学生的主体作用。"独学而无友，则孤陋而寡闻也"，在课堂教学中，我尽量为学生提供合作探究的机会，培养学生的自主发展的意识、团结合作的团队精神，为学生的终身发展奠基。

例如，在进行到"'牧羊人'是一位什么样的人"这一环节时，我让学生开展一次以"'牧羊人'是否幸福"为主题的讨论活动，充分发挥学生的主观能动性。让学生在深入交流中感受人格的伟大，感受锲而不舍的力量，感受不求名利的淡然境界，感受默默无闻、无私给予的博大胸怀。通过自主交流，许多同学有了一些新观点，还有些同学能很好地联系现实生活提炼知识点。思想的交流，使同学们不仅获得了知识，产生了思想上的共鸣，而且培养了团结协作的团队意识，更能享受到成长的乐趣。

三、故事升华，现实意义

故事在语文课堂中有非同寻常的魅力，比起单纯的说教，讲故事更易让学生情趣高涨，并从中懂得更多道理，从而树立正确的世界观、价值观、人生观。故事在语文教学中有着无可比拟的优势，可以说，故事是激发学生热情的金钥匙，也是语文教学焕发生命力的源头活水。在故事的选择上，我着重选取与现实生活密切相关的，这样很容易贴近学生的生活，故事密切联系实际，容易引起学生的情感共鸣。另外故事的选择必须与课堂文本主旨保持一致，用故事拓展与丰富课堂文本，利于学生情感的升华与深化，培养学生的家国情怀。

在讲述《植树的牧羊人》时，我给学生们分享的故事是：感动中国2011年度人物杨善洲的故事。杨善洲原任保山地委书记，1988年退休，退休后扎根大亮山，义务植树造林，一干就是22年。他带领家乡人建成面积5.6万亩，价值3亿元的林场，且将林场无偿上缴给国家。故事讲完，我引用当年的颁奖词："绿了荒山，白了头发，他志在造福百姓；老骥伏枥，意气风发，他心向未来。清廉，自上任时起；奉献，直到最后一天。六十年里的一切作为，就是为了不辜负人民的期望。"培养学生的爱国情怀，也借此来印证杨善洲就是中国的"植树的牧羊人"，植树的牧羊人是属于世界的，也是属于中国的，放大学生的格局，熏染学生的思想。

这是我用故事升华语文课的初探，也是新形势下语文课培养学生核心素养的有益尝试。正如某位心理学家所说，学生的心理特点就是容易接受那些生动有趣的东西。所以故事要常讲常新的，越讲越新的，讲故事还要讲有意义的。对我而言，用故事升华语文课对我帮助还是非常大的，我们应该重视故事在语文素养上的作用，把它作为培养学生个人修养、关爱社会、家国情怀，加强学生自主发展、合作参与、创新实践的重要途径，以此促进学生的终身发展。

（此文改编为《用故事升华语文课初探》，发表于2021年第12期《教育周报·教研版》）

别样的作文课

作文教学在初中语文教学中，一直是个难题。以往的教学，我们一般是以课堂为主阵地，要求学生在40分钟内写出一篇思想健康、内容具体、条理清楚、语句通顺的文章，但往往事与愿违。翻开学生的作文本，我们总能看到诸如"内容空洞""叙述不详"之类的评语。学生习作中存在的这些问题也相当令指导教师头疼，即使指导教师花大力气苦口婆心地百般引导，也总是收效甚微。究其原因，不外乎学生的生活经验不足，头脑中可供选择的材料太少。

学生作文的数量，一般是每两周一篇，如此限时限题的要求，学生总是难以写出一篇家长满意、老师赞许的好作文。就以八年级上册第二单元的作文为例，题目要求写一件感人的事，在指导选材时，其个学生发言，说是有一次他在上学路上，手不小心被玻璃划破了，一位陌生的叔叔把他送到医院，这件事令人感动。当时，我肯定了这个选材。收上作文本一看，全班大部分学生的作文基本都写了这一类故事，故事是真是假已无从考究，但这千篇一律的作文也实在使人腻烦。站在学生的角度想一想，我又觉得怨不得他们，学生脑中空空如也，写出的作文也就难免泛泛而谈了。

为了改变这种作文难的现状，我决定变换一下作文课的授课方式。当我告诉学生近期我将组织一次春游时，全班一片欢呼。在学生眼里，春游的概念只是出去玩，去呼吸新鲜空气，是可以不用上课，自由支配时间的一件好玩的事。而老师则必须明确地认识到：离开课堂出去玩只是一种途径，是课堂教学的延续与补充，让学生在玩中学习，于玩中增长知识才是我们的最终目的。于是，我规定每个学生在去春游前都要做好几件事：背诵几首赞美春天的诗歌；学唱几首歌颂春天的歌曲；搜集几个描写春天的好词好句。当一切准备工作就绪以后，我们的春游活动才真正开始。在此之前，许多学生建议去风景名胜——东昌湖，鉴于安全等客观因素，我没同意。当学生问我去哪儿春游时，为避免学生失望，我总是笑而不答，并且告诉他们："到哪儿去玩并不重要，重要的是玩得高兴、开心。"有了这种思想基础，学生没有去不成东昌湖的失落，热情始终很高，这次春游活动也相当成功。当我把这一次的习作收上来以后，感觉确实耳目一新，从习作的篇幅来看，学生的进步已十分明显。作文字数最多的是小瑶同学，她足足写了12页，共计一千五百多字，这个数字对于一个初一年级的学生来说是相当可观的，其余学生的习作也基本有五六百字。学生们都能把他们在春游中印象最深的地方写出来，并能把他们事前搜集的词语、诗歌、歌词等运用到作文里去，字里行间充满了真情实感。有的学生在作文开头这样写："老师终于决定带我们去春游了……"从这么一个"终于"上，我切切实实地感受到了学生渴望走出课堂、渴望接触自然的迫切心情。最使我意想不到的是，一个平时较内向的学生居然第一次在作文中写出了自己的心里话，别人都说春游好玩，没玩够，而他却说"这次春游一点儿意思都没有"。有好几方原因，其一是他的风筝正好在春游前不小心挂到了树上，无法参加风筝比赛，可谓出师不利；其二是春游路程远，天气热，路上又累又渴，老师却规定不准这样不准那样，好不容易到了目的地，教师仍然做了许多规矩，诸如不准玩水，不准随便跑出规定的范围等，真是太不自由了，最后他干脆这么写了一句："因为我玩得不高兴，所以也写不出好文章来。"当我在班上朗读这篇作文时，全班学生都笑了。只有他一个人趴在桌上羞愧地哭了起来，以为我会批评他。其实他并不了解，在教师看来这是他最可贵的闪光点啊！我赶紧当着全班学生的面郑重其事地赞扬了他，并鼓励他把习作誊到作文本上去。我想，从这件事上，全班学生都能学到一件事，写文章只有真情实感最重要！

总而言之，这次习作我们做了这么一个走出课堂的尝试，其效果显而易见。我也从中领悟到，生活是作文的源泉，学生在生活实践中，有所见有所闻，有所思有所感，才能激发起写作的兴趣，才能写出好的文章。让我们彻底改变过去闭门造车的作文方式，为学生提供接触生活的机会，让他们感到作文是一种有乐趣的事。那么，我们常挂在嘴边的作文难的问题何愁不能迎刃而解呢！

临场发挥

如果我们在语文教学时按教案上的内容照本宣科，课堂气氛必定死气沉沉，学生学得也无趣味。另外，课堂教学过程中，不可能所有环节都与教师的课前设想一致。比如，班级与班级之间，由于学生的差异，你在这里用这个方法去教，而在另一班中用同样的教法、步骤就可能会不适应。因此，我们就必须注重临场发挥。

我有这样的体会：如果按预先安排的顺序去教，往往显得呆板、沉闷。如果随时调整，有时会取得预料之外的效果。

我所指的发挥，不能盲目地、随意地乱发挥，它也有它的客观原理，因为语文教学具有特殊性，语文教学涉及的内容颇多，有自然科学和社会科学，上至天文，下至地理，古今中外，无所不包，既有科学性，又有人文性。又情感的载体，它决定了语文教学要渗透于情，而情感这东西在备课中难以备出，只有在教的过程中看你当场如何发挥了。对同一个问题，你用不同的情感去教，或对不同学历、不同知识的学生用不同的感情，都会收到不同的效果。

另外，师生的情绪也决定着发挥，我们上课时的季节、上课的时间、师生当堂的情绪等，都有所不同，那就要注意临场发挥。比如，班级同在某个比赛中拿了第一名，这时上课的气氛要比拿了要活跃得多。如下一课班级就要去看电影或去看展览，本节课的气氛就会更加活跃。诸如此类的情况，在我们备课中是始料不及的，要针对具体情形，发挥执教者的水平，因势利导，才能驾驭好这些课。有些有经验的教师，临场不乱，就是应变能力强的表现。

最后，我们教师自己的能力、水平和知识积累也影响着临场发挥。有的教师，在备课中未曾备到的，比如情感、激励性语言，而在某节课中，就能表达出来，出现预料不到的效果，这是教师素质高的表现。如果这种情况多次出现，说明教师的潜在能力及应变能力强。想要达到这种水平就需要教师平时要多积累、多调整。

总之，一节课没有教师的自己发挥，只是照本宣科，更谈不上优质课了。但这种发挥有随意性的一面，也要受教学目标的制约，不能无边联想脱离课文内容，因此教师要注意发挥得恰到好处。

你快乐，所以我快乐

　　著名教育家乌申斯基说："没有任何兴趣和仅靠强迫维持的学习，会扼杀学生的学习热情！"英国教育理论家斯宾塞也明确指出："快乐学习，能使学生自学不辍，并得到精神的满足。"由此可见，是否寓教于乐，以乐促学，使学生快乐地投入学习，直接关系着课堂教学质量和效率。快乐的学习对于有意注意力时间有限、喜玩好动、自控能力不强的中学生来说，显得尤为重要。在这一思想的指导下，对于让学生愉快地参与学习这一点，我做了一些尝试和探索。

　　语文教学总是学大于趣，尤其是复习课，学生容易感到枯燥，导致注意力分散。由此，我针对初中学生争强好胜、希望得到教师的肯定的心理，运用不同的激励措施为他们提神。一句鼓励的话语，一颗奖励的五角星，一面鲜艳的小红旗，对学生来说，有着无穷的吸引力和推动力。例如，在复习《陈涉世家》时，我根据文言文的类型设置了很多易错题。一上课我就拿出一幅孙悟空的图片，对面露好奇之色的学生说："同学们，你们看，今天老师给大家请来了一位老朋友，他是谁呀？"学生大声地回答："是齐天大圣孙悟空！"我说："大家都对他非常熟悉了，那你们肯定都知道孙悟空有一双火眼金睛，能识魔辨妖，今天我要请他来看看同学们当中谁有一双火眼金睛，能找出'妖怪'，找得最准确、找得最多就可得到孙悟空的图片，你们有信心吗？"听到我的话，学生一个个兴趣盎然，跃跃欲试。我抓住时机，适时拿出准备好的易错题，进行本堂课的教学。学生整堂课都学得兴致勃勃。这种教学方法收到了良好的教学效果。

我们还要充分利用好教具、学具，增强学生的乐学兴趣。新课教学是引导学生乐学的关键阶段，这一阶段的"寓教于乐，以乐促学"是优化课堂教学的重要一环。为此，我在坚持改进教学方法的同时，积极改进教学技能。针对初中学生抽象思维能力较差，特别喜爱观看动态事物，特别喜爱动手等特点，我在新课的教学时，特别注重适当地通过教具、学具和相关电教媒体，将教材中抽象的叙述转化为直观的演示，以激发学生兴趣，使之愉快地参与学习，增强学习的效率。

例如，我在教学《愚公移山》时，就是运用电教媒体授课，这样既使学生产生了浓厚的学习兴趣，又很好地掌握了这项知识点，得到了较好的教学效果。此外，我还十分注意让学生动手操作，让学生动手、动脑、动口，极大地增强了学生的学习乐趣，达到了以动促学、以乐促学的效果。

几年来的教学实践使我深深地体会到教学不仅是单纯地散播知识的种子，更重要的是让学生体会到学习的乐趣。运用上述教学方法，不仅使学生学得愉快，较好地掌握了知识，而且教师也从中体会到了教学的成就感。

课件教学

随着计算机技术的普及和教育现代化进程的推进，计算机辅助教学作为一种现代教学形式，正逐步融入语文课堂教学。这种现代教学形式，为语文课堂教学提供了一种全方位、多变化的立体式的教学环境，解决了传统教学手段不易解决和无法解决的许多问题，取得了传统教学方法无法取得的教学效果。

在初中语文第三册教材中，有一篇课文《乡愁诗两首》，这两首诗分别是台湾现代诗人余光中和席慕蓉所作。这两首诗意境优美、情深意长、音调动人。教学中，让学生欣赏这两首《乡愁》诗的意境美和语言美，同时感受诗人那浓浓的思乡之情和对祖国的眷恋之情，是学习这篇课文最主要的目的。为此，我大胆地进行了教学改革，制作了这一课的CAI课件，并运用该课件辅助课堂教学，取得了较好的教学效果。我认为这堂课的教学方法与传统教学方法相比，有如下几个特点：

首先，师生可以在配乐中进行诗朗诵。朗读教学，是诗歌教学中的重要环节，可以培养学生的"听""读"能力。传统的诗歌教学，教师也重视朗读教学，但这种朗读教学也仅仅是通过教师或学生的朗读进行，由于缺乏一定的朗读环境，学生不能很好地体会到诗歌的意境。为了克服传统诗歌教学中的这种不足，我制作了CAI课件。

制作该课件时，我给这两首《乡愁》配置了音乐我为余光中的《乡愁》配置了古典名曲《阳光三叠》，席慕蓉的《乡愁》则配置了古典名曲《春江花月夜》，听到这两首乐曲就能引发我们一种淡淡的思乡之愁。同时我为这两首《乡愁》诗配了全文字幕，通过电脑将课件投射在大屏幕上，师生可以在配乐中进行诗朗诵。

这样制作、运用CA1课件的目的，是便于师生更好地朗诵，使学生获得一种美的享受。同时对学生感受这两首《乡愁》诗的意境美和语言美，感受诗人那浓浓的思乡之情和对祖国的眷恋之情，起到一个很好的铺垫作用。

其次，我们还可以尝试"MTV式"的配乐诗朗诵欣赏。为了让学生更好地欣赏这两首《乡愁》诗,我制作了"MTV式"的配乐诗朗诵欣赏。我主要进行了以下两方面的制作。

一是"MTV式"的画面。余光中祖籍福建永春,他的这首《乡愁》,主要表达了诗人思乡之情和对祖国大陆的思恋之情,因此我在课件中为他这首《乡愁》诗配置了以海水和海峡两岸风光为背景的视频;对席慕蓉的《乡愁》,则配置以辽阔的草原、成群的牛羊及牧马人为背景的视频,因席慕蓉的祖籍在内蒙古,但她从未在内蒙古生活过,她对故乡的印象来自家人对她的讲述和她梦中的草原。

二是配置了音乐的两首《乡愁》诗全文朗诵。为了制作好这两首诗的朗诵,我想尽办法找到了朗诵这两首诗的录音磁带,并把它与上述两首古典名曲融合在一起加载到课件中去。

当在教学中欣赏这两首诗的朗诵时,声音、视频、音乐、文字同时出现,饱含感情的朗诵,更迭出现的画面,悠扬婉转的音乐,完整的诗歌全文形象地再现了诗歌中的那种优美意境。学生完全被带入诗歌的意境,都陶醉其中了。学生通过音乐、视频和朗诵感受到了这两首《乡愁》的意境美和语言美,感受到了诗人那浓浓的思乡之情和对祖国的眷恋之情,同时也领会了朗诵的技巧。

最后,通过实践,我们可以感受到CAI课件增大了课堂教学的信息量。人类已步入了信息社会,当今已是信息爆炸时代,教师应该培养学生接受和处理大量信息的能力。因此在课堂教学中,教师应该向学生提供更多的信息、更多的资料,以此来扩大学生的知识面,开阔学生的视野。由于CAI课件容量大、教学效率高,显示的内容丰富,涉及面广,能够跨越时空的限制,这样教师可以讲解更多相关的知识、提供更多的信息。因此我在课件中还设置了作者简介、作者肖像、诗句赏析、艺术特色分析、余光中及席慕蓉诗集简介等内容。当然,对这些内容,教师可根据学生现有知识水平和接受能力灵活处理。这样的课堂教学增大了信息量，可让学生掌握更多的信息，从而提高语文教学的效率。

CAI课件运用了图、文、声、像等多种媒体技术手段，可使语文课堂教学更加直观、具体、形象、生动，更符合中学生的年龄特征和认知规律，使他们在轻松愉快中学到了知识、发展了能力、陶冶了情操；同时也节省了板书时间，增加了课堂教学的信息量。

这种现代教学形式，其优势是传统教学方法无法比拟的。在实施素质教育和教育改革的今天，计算机辅助教学已是势在必行，把它巧妙地融入语文教学中，确实能收到更好的教学效果。

作文激趣

面对作文，好多学生往往觉得无从下手，不知道写什么，我认为这是学生对作文不感兴趣所致。爱因斯坦曾说过："对一切来说，只有热爱才是最好的老师。"那么如何培养学生对作文产生兴趣，热爱作文呢？在教学实践中，我尝试了这样几种方法。

首先，我运用讲故事、编故事的方式，培养学生每天读书的习惯。从七年级开始，我每天放学给学生讲故事，我利用学生爱听故事的心理激发其读书兴趣。开始是我讲给同学听，两个星期后，我偶尔停下来让学生想象或是让学生续编故事。学生编得很有兴趣时，我就告诉学生："其实我讲的故事是某本书中的故事。"个别学生会告诉我："老师，我听过了。""那很好，下星期我还给你们讲，如果我有的地方讲错了，谁能给老师纠正，我就奖

励他一个盖有奖励印章的小本。"第二个星期，真的有同学给我
纠错了，并且拿出了书告诉我错的地方，于是我就奖励他小本子，
并且鼓励他上台当"老师"给同学们讲故事。接下来，同学们就
比起来了，你能讲三个故事，我能讲五个，孩子们讲的故事多，
看的书也多了。讲完了《西游记》，讲《伊索寓言》，讲《水浒传》
等，在不知不觉中，同学们爱看书了，积累了词汇，丰富了知识，
语言表达能力提高了。

其次，我通过读作文，培养学生修改作文的习惯。十三四岁
的孩子上进心很强，而且愿意展示自己。针对这个特点，学生每
写完一篇文章我都让他读给大家听，而且让大家找出他作文中的
好词、好句、好修辞，甚至是好构思，好选材。尽管有时大家只
找到了一个好词或只找到了一个好句，但读的同学也会乐得手舞
足蹈，所以学生们都争着读……在这时我会提醒同学们把他的好
词好句记下来，待同学们都读完后，我又会提醒一句："选你喜
欢的好词加到自己作文中，你的作文会比他还好。"然后再让同
学读给大家听，这样循环往复，学生的积极性提高了，又学会了
修改作文，在作文评改时，我会给他们写上"你的作文改得真好！"
的批语。

最后，我利用评优等、投稿件，培养学生写作的自信心。学
生交到老师手中的作文，都是经过读、改、再读、再改，而后形
成的，孩子们都希望自己的作文能被老师赏识，我们作为老师就
应当对学生的作文给予充分的肯定。所以我对学生交上来的作文
百分之九十八评优等，这样学生对写作文就会充满信心，我再从
其中选出部分好作文，鼓励他们投稿。当他们看到自己的作文在
县中学生作文竞赛中获奖或是在报上发表时，信心更足了，热情
更高了，同时也带动所有的学生积极参与投稿活动。去年我班成
豪同学的作文获山东省一等奖，又引起了一股班级投稿的高潮。

总之，我们语文教师作为"语文教育人"，只要努力激活学生的创作兴趣，学生的作文水平定会有所提升。

审美

培养学生学会审美，形成审美意识、审美品格和审美能力是教育的主要目的，也是开展创新教育的重要条件。我综合自身的教学实践，谈几点体会。

我们可以通过创设情境，培养学生想象美。中学语文教学中有很多写景的文章，让学生领略其中的美景，是学习的重点。但大部分写景的文章都离学生的实际生活很远，单单从文章的语句上很难有身临其境的感觉，这就需要教师结合课文内容，创设情境，培养学生想象美的能力。如《昆明的雨》一文，描写的是昆明雨的美丽景象。学生对此现象没有认真观察过，我在导入新课时，让学生闭上眼睛，我有感情地口述雨美丽的景象，用这种方法激发学生的想象力，让学生从想象中感受美。

我们还可以通过艺术感染，陶冶学生情操。语文课堂教学的理想境界是工具性和人文性相结合，既传授知识，发展能力，又给学生艺术的享受。如《白杨礼赞》一文的教学，我注意了课堂结构、教学方法和教学语言的艺术。导入正课后，我出示了大戈壁挂图，用动情的语言描述大戈壁的荒凉景象，在教授白杨的内在品格时，我通过理解内容，体会感情，描述渲染，感情朗读四个步骤掀起了教学高潮，教学结束时，我让学生由当时的情景联想到身边的"白杨"，由敌后抗日的"白杨树"联想到自己这棵"小白杨",追求言有尽而意无穷的艺术境界。在教学方法上,我避免单纯的问答式,用多种教法优化组合,何处设问,何处讲解,何处启发,何处朗诵,何处讨论,都做到精心设计,使学生坐在课堂上感受到不仅学习了知识,而且享受了艺术。

同时,我们还可以通过诵读,使学生感悟美。诵读是学生感知教材的有效途径,也是学生进入作品的桥梁。特别是诗歌散文,都有鲜明的节奏和优美的语调,通过有声有色的诵读,足以引起学生的注意力和感情反应。通过反复诵读,让学生进眼、出口、记心。教师在诵读中指导学生从声音的速度、轻重、停顿、韵律、节奏等方面掌握诵读的技巧,使课文内容在音韵美中浸入学生心田。

最后,我们可以通过动手,让学生创造美。对学生而言,课堂上老师教授给他们的知识只是他们所需知识的一小部分,更多的需要他们自觉地去学习创造。培养学生动手能力是培养学生创造力的一种有效手段。例如在古诗《黄鹤楼》的教学中,我先鼓励学生当"小画家",用图画形式表示文字内容,并加以合理想象,感受文字中美的图景。又如在《春》的教学中,我鼓励学生当小小音乐家,布置课外作业,"自己挑一段音乐做背景,把课文《春》配乐朗诵录音下来,并在班级播放评选",学生喜欢这样的课外作业。首先,它符合学生的心理特征,学生好动喜新,把课外作业置于某种创新活动之中,不仅激发了他们的兴趣,也培养了他们的动手能力。其次它符合现代语文的内在规律,让学生获得图画美和语言美的享受,自然而然地产生语言学习的愿望和热爱语文的感情。

美无处不在,让我们一起带领学生学会审美。

更多自由

"阅读和书写是整个中学语文教学的主干和骨架。"我们应在教学中紧紧抓住对学生阅读能力的培养，并在课内外形成系统。

首先，我们应在课堂教学中教会学生阅读的方法。我提出了：用眼睛和思想把握住句子的一部分或整个句子，然后眼睛离开书本，背诵出所记的东西，同时进行思考——不仅思考正在背诵的句子，而且思考与所背材料有联系的某些画面形象和事物的理念。我们要充分利用学生形象思维强的优势，使学生从小就奠定理解阅读的基础，为学生课外大量阅读，提供方法，这样学生将会受益无穷。

阅读能力强是学好语文学科的基础，人就是凭借阅读掌握各种知识的。读速加快，阅读的文章增多，阅读能力随之增强，想把看到的东西表达出来的欲望便也增强了。同时阅读能力强也促进了口语水平的提高，使学生已有的知识经验得到复习、巩固、重组和运用，推动了他们对生活中事物的关心。阅读能力强对识字也有利，学生感到学过的字词能写、能用，就会更加主动学习新的字词。内容丰富的、形式多样的课外读物，不仅可以弥补教材之不足，还将为学生发展各种能力，尤其是创造能力的迅速发展提供广阔的天地。

能大量阅读课外书籍，除了需要有动机外，还需要足够的阅读时间，如果教师不减轻学生的作业负担的话，这些都是空谈。给学生更多的自由，不仅表现在课堂教学上让学生畅所欲言，各抒己见，积极思考，学会独立解决问题的方法，还表现在减少课外作业量，采用弹性作业制。减轻学生负担的方法很多，除了从减少作业量外，还要减轻学生的心理负担学生在轻松愉悦的心态下做作业，不仅速度更快，而且效果也更好。

除此之外，我们还应注意培养学生对新鲜事物的敏感性。这不仅需要学生自己寻找阅读的内容，教师也要积极地为学生创造条件，使阅读成为他们生活的一部分。因此，我们应鼓舞学生搜集和整理自己感兴趣的内容，并用流利的语言表达出来。

我们在教学中给学生更多的自由，不意味放任自流。我们除了要教会学生制订计划安排学习生活外，还应要求学生在阅读后写读书笔记，一学期整理一次，然后由负责收查这些作业的学生在班内召开"读书心得交流会"。另外，教师可以安排班干部每学期自己出题目举行班级阅读竞赛。从确立选题，交流经验，到分发奖品，全由学生自己组织。

"减轻负担，发展能力，让学生积极主动参与教学"，这是我在教学中对自己提出的目标。语文教师要利用多种途径教会学生自学，不仅要在课内教会他们自学的本领，还要在课外这个广阔的天地里为学生创造有利于学习的种种条件。一句话，给学生更多的自由，让他们的学习能力得到显著提升。

续编故事

在教学中，我常指导学生续编故事的结尾，这是培养学生想象能力的又一条途径。有些课文的结尾部分含意深刻，留有余味，言有尽而意无穷，需要读者展开想象的翅膀，去思索故事的尾声部分。

在续编时，学生必须把自己置身于故事的意境之中，通过丰富的想象和联想，才能再现作者的意图。如，我在讲授完著名作家莫泊桑写的《我的叔叔于勒》一文后，指导学生续编《我的叔叔于勒》这个故事，并用二三百字写下来，注意想象要合理。任务布置下去以后，同学们都在积极思考，并分小组讨论。《我的叔叔于勒》这篇课文讲的是菲利普夫妇在游轮上碰到于勒不敢相认的事情，表现了资本主义社会人与人赤裸裸的金钱关系。根据内容，有些同学想象了这样的故事：若瑟夫与叔叔于勒相认，一家过上了幸福的生活。这样的想象是合情合理的，因为我们需要的是亲情。

实践证明：续写故事可使学生展开想象的翅膀，写出令人满意的文章，是培养学生想象能力的重要方法。

课外活动

教育心理学告诉我们：表象是想象的材料。在教学中发展学生的想象，必须丰富学生的表象，学生的表象越丰富、越充足、他们的想象就越生动、越活跃。

根据这一理论，我在每一次作文之前，都根据作文的主题、内容及需要的材料，有计划、有目的地组织学生参观，开展一些丰富多彩的活动。这些活动不但拓展了学生的眼界，而且增长了学生的知识，开拓了学生的想象和联想。这样，学生的表象丰富了，相应地他们的想象也丰富了，学生写起作文来就会得心应手，内容也就具体形象了。如，教材中规定要写一篇写景的作文，课前，我带着学生用一节课时间参观了我们的校园。参观的路线是：校门口—教学大楼—花坛—体育室—宣传栏—操场。每到一个地方，我都做出必要的提示和讲解，学生由此展开想象。学生不时地说出几个好的词语、好的句子和由这些景物产生的联想。学生掌握了第一手材料，回到教室以后，师生再进行讨论，学生写出来的文章用词巧妙、准确，用上了许多比喻句、拟人句等，给人一种身临其境之感。

再如，教材中规定要写一篇记一项活动的作文。在写作文之前，我让我班学生与兄弟班学生开展了一次拔河比赛。我要求学生注意观察人物的动作、神态和现场气氛等，比赛进行得很激烈。同学们集体荣誉感很强，都希望自己班得冠军，个个都把脸绷得紧紧的，手牢牢地抓住绳子，脚就像钉子似的蹬在地上。比赛结束以后，我立即组织学生回到教室着手写作文。同学们兴致很高，写出来的作文内容具体了，想象也丰富了。

经验表明：开展一些丰富多彩的课外活动，是培养学生想象力的又一条途径。

批改作文

教师批改学生作文要满腔热情，这在有的教师看来似乎是自作多情，其实不然。

我们多年从事语文教学的教师不难体会到：教师对学生满腔

热情，学生作文水平会进步很快，反之，对学生作文狠批狠改，效果就会适得其反。我班上有一位成绩一般的学生写了一篇作文，题目是《我的语文老师》。这位学生的作文对老师的外貌描写不逼真，用词不太准确，字迹也不工整。我在批改这篇作文时，考虑到这篇作文出身学习成绩一般的学生，更何况他难得把作文本交给老师批改，我在这篇作文上这样批道：能把自己写出的作文交给教师看，这是你的一大进步。你的作文把老师的衣着、兴趣爱好写得比较好，说明你动了脑筋，平时注意了观察。如能把写教师的外貌部分再修改一下，你的这篇作文将是非常优秀的。从此以后，这位学生作文写得非常认真，字也写工整了，作文水平进步很大，学习成绩也突飞猛进。由此，我觉得语文教师在批改学生作文时必须时时注意挖掘学生作文中的闪光点，用鼓励的方法使每一个学生都受到鼓舞。

教师评语应以鼓励为主，对学生的点滴进步都给予真挚的鼓励。在一篇作文中，只要有可取之处，教师都应给予肯定，让学生感受到教师对自己寄予的期望，从而激发学生学习的积极性，提高作文的想象力。

"减负"所思

学生过重的课业负担和心理负担，容易造成了学生学习情绪低落，兴趣下滑，严重地影响了学生的身心健康；老师整天忙于批改大量作业、试卷，累得无精打采，上课只顾应付，不顾教学质量，不注重教学改革，更无法开展新时期教育。"减负"势在必行。

过去，我们的教育唯分数论，长此以往，试问：我们的民族希望何在？我们的国家希望何在？所以，"减负"若进行不好，新时期教育就无法进行。

"减负"就是要"减负提质"，就是要减去学生过重的课业负担，减少重复作业，减少家庭作业，改变过去填鸭式的教学方法。教师要认真学习教学大纲，刻苦钻研教材，准确地把握单元目标要求，明确教学重点难点，精心探讨教法，恰当安排教学环节。上课时，教师要充分调动学生的学习积极性，要遵循"教师是教育的主导，学生是教育的主体"的原则，变过去的填鸭式教学为启发式教学、讨论式教学，引导学生多思考、勤发言，注意培养他们的口头表达能力和分析、归纳、解决问题的能力，设法为学生提供表现自己能力的机会。因此，课堂上教师必须准确掌握难易尺度，因人而异，对不同层次的学生要有针对性地提问，使他们从寻求答案的过程中找到乐趣。然后通过讲练结合，真正做到让每个学生在每节课内都有所收获。

"减负"，才有更多时间让教师通过多种活动，加强学生思想道德教育，培养德才兼备的人才。现在的世界是科技竞争的时代，是信息时代，不掌握科技本领，就无法与人竞争。教师要培养学生的奋斗意识，使其为生存而求知，为祖国的繁荣而学习。

"减负"不是拒绝智育，它只是减去了学生过重的课业负担，它是提高学习效率的有效工具。教师布置作业要有针对性，少而精。教师，对课后练习可采取分化处理的方法，即，有的在课堂上练，有的在作业本上做，还可以留一部分用来复习巩固。通过"减负"，学生掌握了基本知识，又学会了学习方法，各方面的能力得到了充分的锻炼，学习效率大大提高，"减负"不但不会降低教学质量，反而会大大提高教学质量，使学生更加精力充沛地去学习。

"减负"之后，学生从书山题海中解放出来，在快乐的气氛中接受教育，思维会更加敏捷，心身会更加健康，有了更多的属于自己的时间。教师和家长掌握了学生的所思所想，才能对症下药，帮助学生解除这些心理压力，使其心身得到全面的发展。如果不"减负"的话，学习中遇到困难，生活中受到挫折，以及家庭、社会的舆论，会造成学生难以承受的心理负担。因此，教师要全面了解学生的心理状态，运用科学、恰当的方法帮助学生从负担中走出来，帮助学生分析、解决各种问题。

总而言之，"减负"之后，师生有了充足的时间，有利于推进素质教育，有利于学生个性的培养和发展，有利于学生创造意识的形成。

"减负"并不是最终目的，这是教改的切入点，目的是通过"减负"实施素质教育，培养德、智、体、美、劳全面发展的学生，培养具有个性特点，具有创造意识和创新精神的一代新人类。

善待尴尬

教师在备课中预测了教学中可能出现的问题，但并不是所有的问题教师都能预测到，教学时往往会出现教师意想不到的问题，特别是学生的提问。面对一个或几个一时回答不出来的问题，教师免不了内心紧张，如果处理不当，往往会出现令人尴尬的局面。教师该怎样对待这种尴尬呢？我认为教师除了具备良好的师德之外，还应该具备一些教育机智。

机智一：踢球。就是把问题一脚踢给学生。我往往用"谁能回答这个问题？这个问题有意思，谁能从书中找到答案？或谁能给他一个满意的答案？"之类的话将问题交还给学生。此时，学生就会仔细读书，认真思考，从书中找出答案。

机智二：激将。就是用鼓励性的语言激励全班同学自己解决问题。我经常说："这位同学提的问题挺难的，谁能回答谁就可以当他的老师，谁就可以当我们的老师了。"同学们都想表现自己的才能，这样做，往往能收到奇妙的效果。

机智三：延时思考。学生提的问题，教师一时找不到准确的答案，可以用延长思考时间，从而找到解决问题的方法。我经常用"这个问题值得我们去研究，现在老师和同学们比赛，看谁先找到答案。"或"这个问题先放一放，过一会儿老师给你一个满意的答案"之类的话。在师生共同思考的过程中，答案就出来了。

机智四：坦诚。如果师生均不能得出满意的答案时，教师可以坦诚地说："我现在也不能给予你们满意的答案，等课后，我们一起查阅资料。"这样不但不会降低教师的威信，还让学生感受到教师的坦诚，也能激发学生课外查找资料的兴趣。

我在教《回忆我的母亲》一文时，一学生提问："老师，课文有个地方我不懂，作者朱德说，母亲一共生了十三个儿女，母亲为什么可以生这么多孩子？"这个问题好厉害呀！备课时，我的确未把这个问题设计进去，我一时茫然，不过我马上镇静下来，用起了我的踢球法："小敏同学的问题提得很有趣，这说明她善于思考，能发现别人没有发现的问题，现在就请同学们回答这个问题。"教室里马上安静下来，同学们都在思考。其实这也是腾出时间让我思考的一种方法——延时思考法。过了好一会儿，还是无人举手，再拖下去，就要下课了，我还是没有找到一个满意的答案，不行，我得用"杀手锏"——激将法了。想到这儿，我马上用鼓励性的语言说："小敏是一个善于思考的同学，谁能回答她的问题，谁就能当她的老师，也能当大家的老师了。"一男生站起来说："可能是那个时代的国家政策允许吧。"学习委员小雪站起来说："听老人讲，生得多的女性还被评为光荣母亲呢。""有道理。"小敏肯定道。但她马上又问，"虽然有道理，那你是怎么知道的？"看样子，她非要把这个问题弄清楚不可。小雪胸有成竹地说："我的妈妈在计生委工作，妈妈给我讲述过以前后国家政策。"她的话刚说完，教室里响起了雷鸣般的掌声。

　　学生的身上蕴藏着巨大的潜能，他们也有他们特殊的思考方式，他们思考的问题，往往是教师意想不到的，所以在教学中出现"卡壳"的尴尬局面是在所难免的。但只要教师具备教育机智，一定会变被动为主动，收到意想不到的效果。

教学的开放性

　　新年之前，人教版语文教材刚发下来，我就迫不及待地翻阅一遍，一睹为快。果然，图文并茂、内容新颖，令人耳目一新。新版语文教材增加了许多关于唤起环保意识的内容以及饱含人文精神和爱国主义情感的内容，高瞻远瞩，所虑深远。学习这些内容不仅能使学生获得一定的生活常识和浅显的科学知识，启迪他们的智慧，激发出他们的创新精神，还蕴含着更深的意义，那就是告诉学生：语文源于生活，生活与语文课本之间是一种彼此相依的默契关系，或者说，它们是一体的。

　　今年3月，我读了《试论语文教学的开放性》一文，深有感触，也颇受启发。文中谈到，社会生活是语文的源泉，也是语文能力形成的土壤。生活与语文的关系是源头与活水的关系。以往我们的教学，似乎更多地停留在简单的知识传授上，把课本视为法宝，把学生对知识的掌握当成了我们的目标，实则是应试教育"只重分数不重能力"指导下走过的一个误区，它把语文教学独立于生活之外，延误了教育的发展。实际上，语文与生活是息息相关的，就像优美的童话作品来自生活最后又回归人们的生活一样。语文承载着人的语言、文字、阅读、思想品德、审美及自然科学启蒙的教育，可以说，语文教材编写的好与坏和教师水平的高与低，直接影响着学生素质，这是一个不容忽视的问题。

因此，在细心领会新板教材编写意图的基础上，我在教学中经常有意识地将语文知识拓展到我们的实际生活之中，将语文教学的识字、口语交际、写话练习及思想教育，延伸到学生的生活之中，使他们更好地了解语文，认识生活，懂得语文与生活是密不可分的。如在讲完文言文《三峡》后，我便萌发了一个想法，我要让孩子们写一篇反映自己真情实感的小文章，题目为《家乡的河流》。就在我所任教的地方，有一条被工厂排放污水污染的小河。以前这条河溪水潺潺、鱼儿成群，岸边绿草如茵，可近年来它变得污浊不堪。我首先向学生讲明，要认真观察，写出你对现在小河的感受，查找小河被污染的原因并提出解决的办法，想想以前的小河是什么样，怎样使它恢复到以前的模样。这样的作业设计较其他的作业形式更能激发学生的写作兴趣，培养他们参与社会、解决现实问题的意识，随时表达自己的所感所想，使他们真正意识到保护环境有多么重要。

实际上，语文教学更注重字、词、句的积累和语言表达能力的培养，教师要发掘教材的精神内涵，顺应当前素质教育的潮流，而不是"依葫芦画瓢"地将课本上的内容传授给学生。在这一方面，每位教师都应是一位探索者，是一位敢于标新立异的开拓者，而不应成为简单的传声筒、成为书本的奴隶。

教育是一门艺术，需要创造性的思维使它开花、结果，这也正是它的魅力所在。希望所有教师都能真正理解语文与生活的关系，与学生一道，做那源头与活水间畅游的鱼。

"茶馆式"教学

为了培养学生学习语文的兴趣和创造性思维，调动学生学习语文的积极性，创设生动活泼的课堂氛围，扎扎实实地提高学生的语文能力，本学年我在初三语文教学中推行了"茶馆式"教学法。这种教学法让学生当主人，讨论式地合作学习，课堂气氛十分活跃，学生的思维能力、表达能力都得到了很大的提高，深受学生的欢迎。经过一年来的教学实践，我感受颇深。

"茶馆式"教学法让学生真正认识到新旧教学方法的不同，他们对新教学法产生极大的兴趣。传统的教学方法把学生看作单纯接受知识的瓶瓶罐罐；而"茶馆式"教学法让学生自己去思考、去学习，学生成为学习的主人。为了打破长期被动学习的状态，鼓励学生接受新的学习方法，我满怀激情地给学生上了一堂《积累知识，积累经验，主动学好语文》的学法课，以自己学习语文的亲身经历和体会激励学生学会学习，做学习的主人。我告诉学生：奉献真理的老师不是好老师，原因就是他只管滔滔不绝地讲授知识、奉献真理，不管学生对他们所讲的内容是否愿意接受或是否能够接受，更没有想到去培养学生获取知识的能力。如果一味地这样奉献下去，岂不是扼杀了学生学习的兴趣，限制了学生的思维，抹杀了学生本来存在的创造能力吗？我认为，授之以鱼莫若授之以渔，教给学生知识不如教给他获取知识的方法，有了高效的学习方法，他就能终生受用。叶圣陶老先生教导我们："教，是为了不教。"学生学会了自己学习，具备了主动获取知识的能力，还要老师喋喋不休地讲什么呢？一节课讲得学生心里热乎乎，为我实施"茶馆式"教学打下了良好的思想基础。

"茶馆式"教学法培养了学生的主体意识，鼓励了学生大胆参与教学，学生对新旧教学方法的优劣有了更深入的认识。但是，接受新的东西，不等于能够立即抛弃旧的，更不等于学生马上就敢于大胆参与教学过程了。我们的学生在旧的轨道上习惯了，养成了一种被动学习、懒于思索的毛病，现在你要他主动思考、主动发言，谈何容易！为了鼓励学生大胆发言，我谈了实施"茶馆式"教学法的设想，并讲了它与提问法的区别。我说，我们上课就好比开了一个茶馆，老师是老板，你们是茶客，开茶馆要有茶壶，我们的"茶壶"就是讲台。现在我要做一个开明的老板，把"茶壶"让出来，让你们自己去斟茶。在茶馆里，茶客们可以围绕一个话题闲聊、争论，我们的课堂可以围绕一个教学内容自由讨论；茶馆里茶客闲聊总有一个人为主要说话者，他有意无意地、自觉不自觉地起了主持人的作用，我们的课堂讨论也要有一个主讲人。主讲人登台讲解，其他同学在下面听、记，并随时进行补充、提问和纠正。这样，同学们真正成了学习的主人，思维能力和表达能力怎能不得到提高呢？

学生登台讲课与老师提问学生在下面发言是不同的。学生在台下发言，一些学生声音小，有的甚至等支支吾吾，学生仍然是被动的，受老师的制约，很难发挥出他们的创造性。学生登台讲课最大的优点就是学生是课堂的主人，问题由学生提出，又由学生解答，一切程序都是在学生的主持下进行的。我鼓励学生说："你们不仅要做学习的主人，还要做生活的主人，你们现在就要努力培养自己的主体意识，学会学习，学会生活，你们要敢于登台讲话，锻炼自己的说话能力。你们将来都要走上社会，要面对许多人说话的场合，有的要对成千上万人讲话，没有演讲能力怎么能行呢？'茶馆式'教学的课堂为你们提供了锻炼演讲能力的好机会，此时不说，更待何时？此时不锻炼何时锻炼？"同学们听了，个个热血沸腾，跃跃欲试。接着我布置任务：将今天学过的课后习题，认真研究，认真备课，明天课堂上咱就来个"茶馆式"教学，看谁首先登台讲课，老师拭目以待。第二天，有好几个同学抢着登台，争着讲课，课堂气氛十分热烈，"茶馆式"教学获得了意想不到的好效果。

那还需要我们老师吗？当然需要。在"茶馆式"教学中，教师是整个教学活动的发起者、组织者、评判者，起协调和点拨作用，教师站在或坐在讲台下面，随时纠正学生不合适的语言和动作。教师要把握全局，对本节课要讨论的方方面面、对课堂上可能出现的问题，都要有充分的估计和准备，对课堂上发生的问题，当机立断，予以解决；对出现的精彩之处，及时鼓励，保证教学顺利进行。

"茶馆式"教学绝不是什么心血来潮，玩什么新花样，而是根据党的教育方针，遵循学生的认知规律，按照先进的教育思想实施的一种科学的教学方法。它是一次根本的转变，它要求教师从根本上改变教学思想和教学方法，要求教师不仅要有热情，还要有百折不挠的勇气和脚踏实地的开拓精神。我想，这些正是我们每一个教师都应该追求的思想境界。

以读代讲

翻开我们的语文书，每篇课文的后面都有"有感情地朗读课文"这一要求。而如今课文很长，一堂课的时间很短，教师很难做到让学生有感情地朗读课文。怎么样让学生有感情地朗读课文呢？面对这种情况，我决定以读代讲。

一篇课文靠语文仅课上的时间，初读一遍两遍是完全不够的，想要理解课文就需要多读几遍，读得朗朗上口了才好。俗话说："熟读唐诗三百首，不会作诗也会吟。"我们只有把课文读熟，甚至能背下来课文的重点章节，故事的情节就会像电影一样，一幕幕展现在眼前，才能对故事中的人物、情节、动作了解深刻。在教《生于忧患，死于安乐》一文时，我采用的方法如下：先让学生自己读几遍，让学生自己选择自己读得最好的一段当众朗读。学生一听纷纷举手，我指名学生朗读后，再范读，让学生比较试读，再允许学生自己重新选择自然段当众朗读，让学生把自己的朗读水平尽量显现出来。学生读得好，我马上表扬、当众表扬，得到老师的赞扬后，在今后的读书过程中往往会更用心去读，学生在读中了解了课文。这就代替了陈旧的老师讲、提问，学生答的教学方法。学生从读中了解到了生于忧患，死于安乐的意境，体会到了这一中心思想，这样就起到了以读代讲的效果。

一个老师若一直用一种教学方法教学生，学生就会厌学。所以我不断地变换方法，如教师和学生进行比赛，故意读错，输给学生；举办班级朗读比赛，让学生和学生比。在教《背影》时，我举办了小小朗读赛,让每个同学都参赛。由一位学生朗读,其余学生担任评委,不仅要评出等级,还要提出优缺点和为什么,其实这一过程就是在帮助学生在读的过程中深入了解课文的内容。我为获胜的同学奖励一幅写有"奖"字的美丽的小图片或一支笔,期末统计同学们一共得了多少张图片或多少支铅笔,评出优胜者。这样学生就投入到了学习的气氛中,同时学生在读中也就了解课文的内容,不必再需要教师唠叨地分析课文,也就起到了以读代讲的作用。

我又采用了帮学生当场录音,当场播放的方法,让学生自己听一听自己的声音,自己评一评自己的读书水平,再打分。如在教学《安塞腰鼓》时,我就是采用的这种方法,也收到了意想不到的效果。

面对有感情地朗读课文时间不足的问题,我不断地变换方法,真正让学生有感情地读。只要做到这一点,让学生从读中悟,悟内容、悟中心,也就起到了以读代讲的效果。

引发阅读

在语文教学中,我经常采用的教学方法是用读书来激发学生学习的兴趣,鼓励学生多读课文,把读书的权利还给学生,把读书的时间让给学生,同时强调要一边读一边想。例如,我在教《苏州园林》这篇课文时,我先说:"同学们,你们知道《苏州园林》是什么样子的吗?你们想知道吗?"生:"想。"我又说:"那么我们今天一起来读一读这篇课文，让作者把我们带到苏州园林游览一下，好不好？"生："好。"我最后说："现在每人将课文读三遍，想怎么读就怎么读，可以默读，可以放声读，也可以和同桌一起读。读完了还想读的，请举手，看看谁最有信心，敢说我是全班读书读得最好的。"顿时，课堂上响起一片琅琅的读书声。让学生潜心读书，边读边想，既培养了学生良好的读书习惯，也点燃起他们创新意识的火花，课堂教学气氛十分活跃。

初读课文后，我就让学生不受束缚地自由表达，发表自己的见解和观点，此时，课堂上议论纷纷。在教学中，我只用欣赏的眼光鼓励学生大胆地说、讲。这样做能激活学生的思维和丰富多彩的想象力，让学生走进课文，进入自主的学习状态。

《苏州园林》这篇课文像一幅展开的画卷，把苏州园林的湖光山色、亭台阁榭、长廊石桥等景物生动地描绘了下来。如何让学生从课文里美好的文字中真切体会到景美、物美与作者产生共鸣？教学时，首先我抓住一个"读"字，采用范读、指导读、感情读的方法，让学生在读中去感受。其次我采用质疑、争辩、说和写等各种训练手段，让学生从中受到启发而达到自悟。这种教学手段是在"带着问题读"基础上的又一个创新，学生自己读，独立想，自悟自得，增强了学生自主精神和创新精神的发展，同时有利于发展学生的个性。

积累素材

我国基础教育正从应试教育转向素质教育，进入了一个新的改革与发展时期，寓素质教育于语言中，势在必行，而作文教学又是实现语言素质教育的重要途径之一。素质教育就是要通过各种形式的教育，培养学生各方面的能力，以形成稳定的个性特征。那么，怎样提高学生写作水平？怎样让学生有东西可写，言之有物呢？依据这些年的教育实践经验，我认为，就是要注重作文教学中的积累。

现在不少中学生，常常对写作文感到头痛，一篇作文布置下去，他们总说没东西可写，不知怎样写，一句话，就是腹中空空，无从下笔。造成这种现象的一个重要原因，就是平时不善于积累素材。"巧妇难为无米之炊"，不积累素材是写不好文章的。那么，如何积累素材呢？我认为，一方面要使学生知道积累在作文中的重要性从而激发学生的学习兴趣，另一方面，也就是积累教育的核心，即要他们掌握积累的方法。

人们常说，善用兵者必善养兵，善为文者必善积累。在我们记忆的"仓库"里，如果我们平时不注意"进货、积货"，一旦需要，也就"无货可发、无货可卖"。千里之行，始于足下，天才在于勤奋，知识在于积累，不也说明了积累的重要性吗？古往今来，大凡在写作上有成就的人，没有一个不重视积累的，我们读过的大文豪鲁迅的文章，从中可以发现，他对博古通今，一个成语，一个典故，他们信手拈来，妙笔成趣，文章生动而又深刻，令人信服。这和他们博览群书，阅历丰富是分不开的。一个刚刚落地的新生儿，什么也不知道，但随着时间的推移，日积月累，他懂得了许多以前不懂的东西，这靠什么？靠的是积累。故此，我们在教学中，一定要让学生认识到积累的重要性，以便调动他们的积极性，使他们投入到积累素材的活动中。

我们可以直接从生活入手，教育学生要养成善于观察的习惯，要注意周围人、事、物、景，做生活的有心人。否则，尽管生活中有许多真、善、美值得写的东西，他们也会视而不见，听而不闻。为什么生活在同一环境里，有人总有写不完的东西，有人却无从下笔、无从写起？这和平时对生活的观察积累有着直接的联系，如果马克思不做长期的观察体验，没有丰富的积累，没有深刻的总结，是不会写出世界名著《资本论》的。如果曹雪芹和巴金没有经历过艰苦、曲折的生活，没有痛切的体验、深刻的感受，也不会写出《红楼梦》和《家》。世事洞明皆学问，人情练达即文章，从生活中积累素材，是写作成功的必经之路。

我们也可以通过阅读间接地进行积累。就是让学生进行大量而广泛的阅读，提高他们的思想水平，开阔他们的视野。在阅读时，不是见书就读，要有选择性，做到全面撒网，重点捕鱼。要让学生读一些对自己有益的书，尤其读是一些名著。由于名著都有博大精深的思想内容，细密精巧的结构安排，丰富多彩又充满生动形象的词汇、修辞。所以，阅读一部名著要比阅读一般书籍的收获更多，它不但能开阔眼界，拓宽思路，加深我们对人生、社会的认识，而且有助于我们观察、分析、综合和写作能力的提高。读书破万卷，下笔如有神，熟读唐诗三百首，不会作诗也会吟，都是先人们的经验之谈，说明了阅读与写作的关系，是极其密切的。可见，阅读中的积累能为提高写作水平打下坚实的基础。

我们还可以要求并指导学生自由写作，为了培养学生写作练笔的习惯，我们可以培养学生、养成写和录的习惯。要求他们把每天获得的新知有选择地按自己的思维方式，用自己的语言抒写出来，做到有见必录，有闻必录，有为必录，有感必录。形式不拘一格，写作范围广，包括时事评论、名人轶事、读书心得、访问纪要、市场见闻、团队活动、家庭教育、人物素描、幽默讽刺等，并时常督促学生致力日知，坚持常写，常行不止，日积月累。

使学生像蜜蜂那样从百花园中采蜜；像淘金者那样，不辞劳苦，勤于采集，从散沙中淘出真金。养兵千日，用兵一时，平时多练，用时方能沙场秋点兵，游刃有余。

最后，我们可以让学生阅读书籍时多动手抄笔记。阅读固然能开阔视野，积累素材，但时间一长就会淡忘。俗话说，好记性不如烂笔头。把平时阅读的好句佳词记下来，没事翻翻看看，一方面加强记忆；另一方面把写作和阅读结合起来，有效地提高写作水平。对此，我深有体会。去年秋天，我参加了教育局举办的初一第一册新教材培训会，受益匪浅，我认识到积累在学生写作文时所起的作用。于是在教学实践中，我就让每位学生随时摘抄一些好的词语、句子、段落和优秀文章，让他们熟读成诵。半学期后，我一边让学生继续摘抄，一边让他们把平时看到的，感受到的写出来，并在班里评讲，鼓励好的，改正不足的。这样不但激发了同学们的写作兴趣，而且提高了他们的写作能力。

另外，在课堂教学中，我们也不能忽视积累。因为课文中好的篇章、结构、语段对学生写作也有很大帮助。如《安塞腰鼓》的第七自然段，作者正确运用排比、比喻把安塞腰鼓的声响、气势、舞姿、舞步描写得淋漓尽致，使学生有身临其境、如闻其声的感受。教师要这些好段落、语言，要认真分析，仔细品味，带领学生真切地领悟到生命沸腾、力量喷涌不可遏制的情景。像这样的语段，我们让学生记下来，不也是一个积累好方法吗？通过一学期这样实践，我班学生的作文在不同刊物上陆续发表。

事实证明，抓好积累，十分有利于提高学生的写作水平，只有认真去做，持之以恒，长期实践，就会收到意想不到的效果。中学语文教师们不妨试一试，走积累之路吧！

教学的五环

教学环节是指一节课的组织，如上课的阶段划分、时间分配、上课的开始和结束等。教学环节包括五个部份：组织教学、时间分配、传授新知识、巩固新知识和布置作业，一般是在课上综合运用的。

怎样看待教学中的五个环节，是研究课堂教学规律的人们所关心的一个课题。任何一节课，都有组织教学这个环节，就是教师用极少量的时间，使上课有一个良好的开端。检查复习是教师把新旧教材联系起来，为讲课做好准备。传授新知识是教学中的主要部分，包括让学生明确学习的目的，通过分析新教材，使学生掌握知识，形成概念。这是各个环节的基础，一般占满课堂的时间。巩固新知识是检查学生掌握新教材的情况，使教师能及时了解教学中的优缺点。随后教师在课上还要留出一定时间进行课堂练习，以训练学生应用知识的技能，也就是布置作业环节。五个环节的每一个环节，代表了一定的教学阶段。每个阶段相互交叉，有机联系，使一个课堂形成一个整体。

由于学生主要通过课堂教学来获得大量的经验，即书本知识，而且教学生的知识体系是连贯的，有严密的逻辑顺序。因此教师必须遵照学生的认识规律，根据课堂的不同性质，任务和教材的情况，灵活地组织和运用各个教学环节。

课堂四十分钟，一环紧扣一环，只有师生积极协调地配合课堂活动，才能使教学过程生动活泼，充分有效地利用了每一分钟。

由此看来，正确合理地运用教学中的五个环节，对研究课堂教学的规律，提高教学质量，有极大的作用。但是，如果把五个环节作为一套机械公式，每堂课都按公式教学，或者把每个环节分配的时间都公式化、凝固化起来，也会闹出笑话。

总之，一堂教学有效的课，常常是教师不断探索教学规律，付出大量的心血汗水总结出来的。所以，当前在研究提高教学质量的过程中，提出怎样看待教学中五个环节问题，是有它的积极意义的。

扫尾艺术

一堂语文课不仅要有好的开头，也要有好的扫尾。扫尾做得好，学生吸纳新知识的效果就好，扫尾做得不好，就会直接影响课堂教学效果。因此，做好语文课的扫尾工作显得尤为重要，织网编篓，重在收口。在实施语文教学过程中，我常常是用以下四种方法来做好一堂课的"总结报告"的。

一、点睛式扫尾法。当一堂语文课扫尾时，我常用精辟的语言对一堂课的内容做扼要的归纳总结，点明主题，使所讲内容明确，生动传神。眼睛是心灵的窗户，从眼睛可以透视心灵全貌。同样道理，学生可以通过这一点睛式扫尾，反刍、回味当堂语文课所学到的新内容。点睛式扫尾能真正收到帮助消化和进一步巩固加深的作用。

二、引申式扫尾法。当一堂语文课扫尾时，我会把所讲内容作为引玉之砖，引导发掘、拓展、生发开去。这种扫尾法能活跃学生思维，陶冶学生情操，给学生以有益的启示并使他们受到深刻的教育。这种引申不宜太长，宜短小精悍，点到即止。例如，我在教完初一语文课文《愚公移山》时，就曾"借题发挥"地说："学习犹如太行、王屋二山，方七百里，高万仞，只有弘扬愚公移山的精神，排除干扰，迎难而上，才能学有所成！"

三、修辞式扫尾法。当一堂语文课扫尾时，我常运用富于表现力的修辞作结尾。这种扫尾法能为课堂添加文采，增强语势，提高教学效果。例如，我教完《纪念白求恩》一文时，就巧妙地借助了原文最后一段中的排比句来扫尾，语重心长地教导学生："学习白求恩，贵在做一个高尚的人，一个纯粹的人，一个有道德的人，一个脱离了低级趣味的人，一个有益于人民的人。这是对白求恩的最好纪念。"

四、悬念式扫尾法。当一堂语文课扫尾时，我会提出一个发人深思的问题，吊起学生的胃口，以此来激发学生的求知欲，为上好下一堂语文课砌好台阶，奠定好基础。这种扫尾法宜用于在内容上和形式上相关联的同一篇课文的上下两堂课。例如，我在教学文学巨匠鲁迅创作的《从百草园到三味书屋》一文时，就采用了这种方法扫尾："本课时我们就要告别欢乐有趣的百草园，下一课时老师将带领大家到三味书屋走走，看看那里面的情形又会是怎样的。"

值得一提的是，扫尾的方法是多种多样的，各有千秋，各有所长。教师在教学语文课时，究竟采用哪种扫尾方法比较合适得体，要权衡、要讲究、要针对课文的内容做出相应的选择。

写作妙法

刚担任初一年级的班主任，第一次为这个班上作文课，当我拜读学生的"大作"时，简直哭笑不得。这哪里算得上是作文！别字、错字连篇，词不达意，没中心、没论据，想到哪就写到哪儿，就像流水账。

面对这种情况，我决心对他们进行强化训练，经过一个学期的强化训练，学生们的作文写作水平真的提高了。所以我想对正在为学生写作文问题所困扰的老师们说："迅速提高学生的作文写作水平不是天方夜谭，只要训练得当，是不难做到的。"现将我的妙法给大家分享。

妙法一：强化语言文字。祖国的语言是优美、丰富的，语文课的重要任务之一就是学习祖国的语言，陶冶情操，而作文离不开语言。学生适当地积累一些好词好句对写好作文来说相当重要。所以，积累丰富的好词好句是写好作文的前提，是重要的"硬件"。

实践告诉我，语言是可以训练的，并有其自身的规律。我采用欣赏、记忆、应用三步训练法：

1. 欣赏：品味好词好句。好词好句有两个来源，一是课文中精妙恰当的词、句；二是课外书籍中的典故、成语。我让学生每人准备一个好词好句积累本，遇到好词好句就归类摘抄下来，细细读、品、赏并与别的同学互交互品。每天早晨学生轮流朗读自己摘抄的好词好句，然后请同学评析，好，好在哪里，妙，妙在哪里。

2. 记忆。我让学生记忆的目的就是让他们消化吸收读过的文章，它是运用语言的关键。我鼓励学生，著名作家巴金13岁时就能背下600余篇名作，他的大脑堪称小小的图书馆，我们为什么不能多读、多记、多背呢？

3. 运用。积累的好词好句在写作中熟练运用，这对基础差的学生可不是件易事，要逐步训练。我是把说作文看成写作文的序曲，学生只有会说，写起来才能得心应手。于是，我每周开展比一比、赛一赛的活动，让学生比赛，看谁说得最好，谁运用得最精妙恰当。

妙法二：强化写作技巧。 好词好句是构建作文大厦的基石，是不可缺少的"砖、瓦"。可有了砖、瓦还远远不够，还需要技艺高强的建筑师来设计、建造。所以，作文写作技巧也很重要，只有掌握了作文的写作技巧，写起作文来才能得心应手、娓娓道来，我的具体做法是：

1. 将观察与表达结合起来，创设情境，激发兴趣。写作文离不开观察，只有经过观察，学生才会发现写作的素材，才会发现事物的特征，才有内容可写。所以我在学生写作文之前让学生先观察，然后说说你观察到了什么，再动笔写。从而做到淡化写作文，强调说作文。

例如，我在布置《一次有趣的活动》这个作文题目时，先设计了一个有趣的活动，然后提出观察的要求：学生要在游戏时观察游戏的步骤、过程和结果。我设计了"斗牛游戏"，两人相距一米，相对而站，每个人背后各贴一个字，游戏中只许移动身体，不许动手，谁先看到对方背后的字谁就赢了。这个游戏简单易行，使学生在欢乐的游戏中学会观察技巧，掌握调动多种感官进行观察的方法。

学生通过观察、参与，有了作文的素材，自然说起作文来就容易了。这时我告诉他们："你观察到的内容要有所取舍，选最有趣的去描述，你的作文就会有详有略，能突出重点，中心就会明确了。"

2. 强化小练笔，渗透写作方法。通过对语言文字的强化训练和观察的训练，学生已经逐步认识自己是能写好作文的。这时候，我适时巩固，让学生多练、多说，从而提高他们的写作能力。

在练笔之前，我设计了口头作文的环节，用打电话的游戏形式，让学生在玩中使口头作文能力得到提高。

打电话的步骤是：课前，全班同学自愿组成小组，小组成员分别进行准备：(1)读，找到课内、外有价值的资料、素材读熟。(2)选，从中选择一个内容最有意义，题材最新颖，最令人感兴趣的材料。(3)编，编写打电话的内容。(4)背，将自己准备好的材料背下来。(5)说，打电话是双方的对话，过渡十分重要，要自然、讲究技巧地完成对话。

其实，两部电话并不稀奇，然而将它们摆进课堂，用于训练学生口头作文的能力，进行口头练笔、对话表演，便成了学生眼中的稀罕之物、新鲜之举了。正是在这种新与奇中，一种强烈的自我表达欲会从学生的心底迸发。这种方式训练了学生的口才，提高了学生构思、谋篇、选材、组织语言的能力，为正式动笔写作文打下了坚实的基础。

总之，写好一篇作文要靠学生艰苦不懈的努力，只有会说，在写的过程中才有内容可写，只有淡化写的过程，强调说的过程，学生才不会觉得枯燥无味，在玩中就不知不觉地说出了好作文！

经过一学期的强化训练，学生的语言文字能力、写作技巧得到了提高，学生在我精心设计的活动中充分发挥了自己编、写、说的潜能。学生在写作文时，能充分发挥自己的想象力，告别了过去不知所云的情况，他们的作文写作水平在短期内得到了提高！

情景作文

在语文教学中，作文教学一向是一个难题。想提高学生的作文水平，不能没有一套好的方法。我陆续在《山东教育》《中学语文》等刊物上了解到，作文教学和情境的关系甚密。回顾我在作文教学中的做法，我认为确实如此，利用情境教作文是提高学生作文水平的一条可行之路。

一、创设情境，指导观察

人的情感总在一定的情景中产生，带有情景性的情感，对人的认识和行动更具引发作用。作文课中创设情境，引导观察，不仅能使学生"触境生情"，有话可说，而且情景本身也能激起他们的习作兴趣。

叶圣陶先生说："生活犹如源泉，文章犹如溪水，源泉丰盛而不枯竭，溪水自然流过不歇。"这句话形象地说明了生活与作文的密切关系。在纷繁的生活中，家里的人和事、学校中的各项活动，是学生最易感知的内容。从爸妈、兄弟姐妹到祖父母，从课堂上教师悉心指导到课外各种活动，无不为学生感知和了解，这些都是极好的情境。

例如，在讲说明文时，我让学生每人当堂制作一样东西，然后按制作顺序把它写出来。同学们有的折纸、有的缝布、有的刀刻、有的泥捏……各显身手，做出来的有和平鸽、布娃娃、小老鼠……

同学们兴致可高了。我让同学们评出制作能手和制作佳品后，请同学们口头介绍制作过程，然后开始习作说明文《××的制作过程》，作文效果当然不错。制作和平鸽的学生写道："我愿化作一只和平鸽，飞遍世界各国，让世界永远和平"。制作机关枪的学生最后写道："我长大了要当一名军人，扛一把真枪为国站岗放哨，让人民幸福生活"。最后我总结说："积累写作素材非常重要，脑中有了素材，怎样写都可以，就好比有了布料做什么样式的服装都行一样。"随即我又布置了一篇小作文《一堂制作课》，要求写成记叙文。学生急于表达的那种情感一触即发，又如含苞欲放的花蕾，习作生动、形象、具体。

我们要有善于培养学生观察的好习惯。想要积累丰富的生活素材，必须借助于观察活动，观察是一种有目的、有计划并和思维活动紧密结合的感知活动。因为大家印象比较深刻的事莫过于亲身经历的事，所以每次作文课前，我都备好课，提前布置观察作业给同学们，让他们有目标、有目的地去观察生活，搜集写作素材。观察作业有个人观察，也有集体观察；有短时观察，也有长时观察。有了明确的观察目的，还必须辅以科学的观察方法，使学生掌握观察方法逐步具有独立的观察能力。例如，在写活动场面作文时，我趁课外活动时间，让学生进行乒乓球比赛、踢毽子比赛、跳绳比赛、乒乓球接力赛、沙包花样接龙、跑楼梯比赛等。活动之前我布置一些问题：大家的表情、动作有什么特点？谁的表现与众不同？有什么不同？你是怎么做的？你的心情怎样？别人做的时候你是怎么想的？这样学生学会了观察，也调动了习作兴趣，玩中有学。因此，这篇写活动场面的作文，学生写得点面结合，有详有略，生动活泼，跃然纸上。

二、捕捉情境，激活思路

　　情境的捕捉。习作素材其实时时处处都可以捕捉到，只不过初一学生不会捕捉而已，老师要善于捕捉情境，激活学生的习作思路。在学校，一件偶发的事、一堂精彩的课、一次有趣的活动、一件小制作、一次小试验等都可以作为写作训练题材。有一次，学校要求所有学生服用驱虫药，我把药和水拿到了教室里，为学生倒上了几杯水，然后分给每人药片，要求他们用温水送服。面对白色的药片，有的学生一口吞下，有的学生皱眉摇头，最后我问，还有谁没吃药，学生抢着说："小明。"我走过去问他为什么不吃，他说不会吃药片，我接过药片把它研成了粉末，他用纸将药一裹倒进了嘴里，那药味是苦是酸不言而喻，他的表情动作全班同学尽收眼底。大家都吃了药，我趁热打铁，在黑板上写出了作文题目《吃药》，大家寂然凝虑，思接千载，悄然动容，视通万里，而后下笔生辉，一气呵成。这篇作文，同学们写得很成功。评讲时，我问大家："写作文难不难啊？"同学们高兴地说："不难。"我趁机指出："大家平时要做个悉心观察生活的人。"学校举行升旗仪式、举行运动会、举办元旦联欢会、献爱心活动、召开家长会等，教师都要引导学生及时捕捉，慢慢学会积累习作素材。

　　思维的激发。习作思路是思维活动在不断推进中呈现的运行轨迹，可见，学生思维决定着思路的活化趋向。所以，教师要千方百计地调动学生的思维积极性，激起和诱发思维展开，使习作思路喷涌而出。那么，怎样激发学生的思维呢？

　　思维的桥梁是联想，有了这样的桥梁，思路便畅通无阻，思维便"左右逢源"。联想是在原有生活材料的基础上进行开拓思考，将生活中积累的各种各样的材料调动起来，按照表达主题的需要重新组合，以增强文章内容的广度和思想的深度。

比如，在写《我们的学校》这篇作文时，我提出一些问题：你准备从学校的哪个地方写起呢？你最喜欢学校的什么场所呢？这些使你想起什么呢？这些问题使学生由浅入深地联想，深化了文章的主题。晓洋同学在文中写道："学校上空飘扬着鲜艳的五星红旗，她是用英雄鲜血染红的，她是中华人民紧密团结在党中央周围的象征，我们每每仰望她，都会学习劲头倍增。清晨，琅琅的读书声是我们新一代响亮的口号声，我们一定不辜负老一辈革命家的希望，把祖国建设得更加繁荣富强！我们学校里的一草一木都非常可爱，她是我们伟大祖国壮丽河山的一个缩影……我们的学校像一个朝气蓬勃的青年，已昂首阔步前进在新世纪的征途上……"细细读来，有血有肉，十分生动。

三、教活情境，读写相融

教活情境。古人云："先生只是引路人，学问全在自用心。"

我认为，引路还是在先吧。讲读课文主要是为了让学生有规可循，掌握写作方法，加以模仿。但又不能生搬硬套，必须学会仿而不僵。教师要指导学生模仿范文的写法，然后通过自己的观察，运用自己的语言写自己的故事。学生作文中抄范文，生搬硬套的现象较多，怎样才能提高学生写作水平仿而不僵呢？我在讲读课文时经常分析文章结构特点，抓住人物（事件）特点，突出文章主题，结合平时习作，使学生学有所得，融会贯通。

在一学期所讲的语文课中，有几十篇文章需要学生学习，每篇课文都是经过专家精心编排的，都有自己的写作特点。有的详略分明，重点突出；有的条理清楚，内容有序；有的围绕中心选择一两件事写好一个人物；有的由事物引发联想。这些写作特点，我都认真引导学生仔细体会。这样，不仅使学生将学到的知识真正消化吸收，化为己有，他们还可以在作文时灵活运用讲过的写法。

读写结合。学生作文不生动，不形象，甚至无话可说，无情可抒，是因为习作知识储备太少，视野狭窄。

积累习作知识，仅靠直接感知现实世界是不够的，还需要通过课外阅读，开阔视野。因此，我让学生多层次、多渠道、多角度开展读书活动，班上每人捐一些好书组成班级图书角，我也从各处给学生找一些好的图书、报纸等读物，分时开展读书交流会，推荐佳作。同时，我要求每人每学期完成一定量的读书笔记，把谚语、格言、歇后语、优美词句、习作佳篇等摘抄内容，分门别类地编排好，定期进行展评，大大提高了同学们的读书积极性。

"读多少书，知多少事。""书读百遍，其义自现。"不言而喻，学生读得多了，知识丰富了，写的内容就充实了，习作时的思维也就宽广了。可是，光读不行，还要写，只靠每周的作文课是不行的，不要让学生坚持写日记，老师及时查阅指导。

以上方法，我多年来坚持运用，行之有效，我所教学生的作文，在作文竞赛中多次获奖。总之，合理运用情境作文教学，会收到意想不到的效果。

走入户外

墨子说："染于苍则苍，染于黄则黄。"墨子强调的是环境对人的熏陶感染作用。俄国教育家乌申斯基说过："美丽的城郊，凹凸起伏的原野，蔷薇色的春天和金色的秋天，难道不是我们的老师吗？"

在名家名师的指点下，我经常带领学生走向野外，极目远眺，一条条笔直的田埂，一块块整齐划一的田块，一条条弯弯曲曲的小河，田里栽种着错落有致的庄稼，农民伯伯们在田间忙碌着，犹如一幅天工所作的美丽的画卷。学生不无感慨地说："真是美极了，真像一幅画。"我抢着说："对！这确实是一幅天工所作的美丽的画卷。"那么到底有没有天工？天工是谁？学生们马上活跃起来了。有的说有，有的说没有，更有的说："天工就是在田头辛勤耕耘的农民伯伯们。""对！就是这些在田间辛勤耕耘的你们的长辈们用他们那粗糙而勤劳的双手绘制了如此绚丽多姿的画卷。"学生们首次感到了长辈们的伟大。他们的爱劳动，热爱劳动人民的感情在无形中得到了熏陶。同学们写出了《世上天工知多少》《天工就在我们身边》和《好一幅绚丽的图画》等文章。文章诉说了发生在田间和他们父母身边的事，感情真切，内容实在。全班同学对农业生产劳动的认识和写作能力都有了不同程度的提高。

春游是学生们一年中最盼望的活动，也是学生走进大自然，接触大自然，接受自然环境美的教育的好机会。同学们沐浴在阳光明媚的春天里，尽情地欣赏、细致地观察、深深地体会。一种家乡变了，人民生活富裕了，祖国强大了的感情油然而生，更增添了他们对大自然、对家乡、对人民、对生活、对祖国无限热爱的感情。

在烈士墓前，一行行常青的翠柏、一排排洁白的烈士墓碑，这庄严肃穆的气氛、这碑文上一行行激动人心的事迹，勾起了同学们对先烈的哀思，激起了他们勇往直前的精神。"党和人民不会忘记你们，祖国不会忘记你们！我们一定接过你们的旗帜，沿着你们的足迹，决不辜负你们的期望，把祖国建设得更伟大更富强。"同学发出如此心声。此情此景学生们将永世难忘。

学校是学生们学习知识、接受教育、学会做人的基地，如何发掘学校环境美的教育功能显得尤为重要。

活动课上或课余之时，我带领学生进入校内绿化区，让他们在那数千平方米的绿色海洋里遨游。他们有的抬头远望，还自觉地发出"多美的景色啊！"等赞叹之言，有的深入区内仔细观察各自喜爱的花草。鸡冠花挺起那又红又大的鸡冠，好像在迎着朝阳引吭高歌，它顽强地生长在路边的砖缝间与碎石中，真像那天真烂漫的小朋友，多具生命力啊！色彩缤纷的月季，不管是酷暑还是严寒都开着那艳丽的花朵，展示着那驱酷暑排严寒的大无畏精神学生们的思想受到了教育，情操得到了熏陶，审美能力也得到了进一步的增强。

校园内秋天的枫叶又红又美。我让学生对枫树进行仔细观察和体会。"枫叶红，愈经风霜叶愈红，你们能体会出枫树的什么精神？联想到一个什么道理吗？"我提出了这样一个学生们意想不到的问题。片刻后，居然有一名学生举手发言了："我体会到枫树那种坚强不屈的精神，联想到只有经过艰苦的斗争方显其坚强品格的道理。"同学们不约而同地鼓起掌来。由此可见，环境美在陶冶学生品德、情操，给学生带来美感享受的同时，还能唤起学生对理想的追求和对哲理的认识。

在作文教学过程中，我时常让学生在校园内观察，到大自然中去寻找感受。通过观察和感受，学生们的写作热情得到了激发，思想境界得到了提高，审美能力得到了加强。

班长小明从花与叶之间得到启示，写出了《红花也要绿叶扶持》的文章。他在文中写道："红花要更艳，需无数绿叶的衬托。班长要做好班级工作，更需全班同学的帮助和支持。"有的同学写出了《让绿叶常绿让鲜花常开》，文章写出了同学们爱护绿色，绿水青山就是金山银山，保护环境的心声。

自然环境的多样性，决定了其教育功能的多面性。一次野外活动，一幅催人奋进的图画，一句挂在墙上的名人警句，都有可能能唤起学生积极向上的激情，有的甚至能决定他的人生道路。

生物学家林奈小时候住在湖泊之滨，那里有野花，有森林，有鸟鸣，也有小鱼游泳，这种美丽的自然环境为林奈上了生物学的最初一课。进化论的奠基人达尔文，自幼喜欢到野外活动，在那里采集昆虫、花草等各种动植物标本，这为他以后的科学研究奠定了第一块知识的基石。

环境确实是个大课堂，也如同一本内涵异常丰富的教科书，可以陶冶学生的情操，培养高尚的审美情趣，树立正确的生活信念和道德观念，唤起他们对生活和祖国大好河山的热爱。

环境能开发学生的创造力，环境能育人，更能塑造人。只要我们肯做环境育人的有心人，更好地发掘环境美的教育功能，就一定能培养出一代具有高尚道德情操和具有远大理想的新人。

语文的精神

我们要充分利用语文教材对学生进行人生观、幸福观教育，让学生懂得生命的本质是什么，生命的意义是什么，什么是真正的幸福。

有了正确的人生观、幸福观，才能树立远大理想，迎难而上，为理想而奋斗不止。如初中语文第二册第一单元的《敬畏生命》《热爱生命》等课文，在教学时，教师就要引导学生认识到生命的本质是：不断在困境中取得突破，在绝境中获得新生。生命是短暂的，只有在有限的生命中充分利用时间，多为人类做贡献，这样的生命才有意义，才值得敬畏，所以我们要珍惜时间，热爱生命，敢于面对前进道路上的挫折，战胜挫折使自己的一生过得丰盈充实。教师还应结合学生实际，让学生感悟到自己时时都生活在幸福中，因为活着就是幸福，更何况还有那么多人在关爱着自己。同时，还要学会关爱别人，只有使别人幸福的人，才会得到真正的幸福。有了正确的人生观、幸福观，学生还有什么理由不珍惜时间、珍爱生命呢？

我们要充分利用课文蕴含的情感因素感染学生。教师的引入、朗读、分析都要带着感情，才能引起学生的共鸣，真正感染学生，使学生受到课文中人物先进思想、美好心灵和崇高精神的陶冶，并萌生对美好事物的追求与向往之情，对品行、思想、学业的进步就会产生发自内心的渴求。如《小橘灯》一课，文中小姑娘身上那种镇定、勇敢、乐观的精神，正是今天部分学生所缺少的。教学时，教师可先让学生谈谈自己遇到父母生病、家庭不幸或其他挫折时是怎样面对的，然后与文中那个八九岁的小姑娘对照，使学生首先对小姑娘产生敬佩之情。接着，教师再带着对小姑娘的怜爱、敬佩之情朗读全文，让学生进一步受到感染。分析课文时，教师引导学生理清本文的感情线索："怜—爱—敬—念"，使学生真正理解小姑娘的可贵精神，从而受到激励。

我们要培养学生良好的学习意志。坚定的意志是成功的保证，因此对学生意志的培养是不可忽视的。

在语文教学中要坚持对学生进行意志训练。使学生养成严谨的学习习惯，扎扎实实地打好语文基础。每一项语文训练活动，每一个学习环节，每一次作业，都严格要求学生，引导他们勤学苦练。字要规规矩矩地写，课文要仔仔细细地读，练习要踏踏实实地做，作业要认认真真地完成。引导学生同困难做斗争，同惰性做斗争。教师要有阶梯性地设置困难，逐渐增加语文学习任务的难度。

在日常工作中，教师要善于借助课文中榜样的力量影响学生性格，培养学生的毅力和克服困难的信心和勇气。如《钢铁是怎样炼成的》中的保尔·柯察金，他双目失明，瘫痪在床，仍以坚忍不拔的意志坚持写作。教学时，教师要引导学生理解保尔的精神，并让结合学生实际谈感想，使保尔的精神成为学生勇于面对挫折的动力。

另外，教师还可带学生到大自然或社会中体验生活。如，组织登山活动、参与社会实践，然后把亲身经历及感想写成文章，让学生真切地感受到：只有付出努力，才会有成功的喜悦。

让学生动起来

不少学生一提起写作文就发呆、头疼，戏称写作为"绞脑子"。作文课上，我总见学生们一个个犹如夏日里被晒干了的柳叶，无精打采地打着卷儿，没有兴趣，没有激情，缺乏灵感，因而写出的文章，空洞无物，味如嚼蜡。如何让学生动起来，改变这死气沉沉的局面呢？我在作文教学实践中，得出些还欠成熟的方法，试着入手，倒也激发了学生的写作兴趣。

我们可以巧拟题目，先声夺人。有一回，我聆听了我校一位老师的课，课题是《拟好你的作文题目》，感触颇深。这位老师说，作文题目拟得好，可先声夺人。联想到自己上的作文课，我对拟定作文题目缺乏必要的重视，随意性过强，动辄是《我的老师》《假期见闻》等，既空泛又落俗套，难怪学生兴味索然。

我觉得拟好文题，讲究一个巧字。有时可借鉴文章中独具特色，新颖别致的题目，如写初一女篮赛，可用《为女篮喝彩》[初一（5）班小怡同学撰写此文，曾在校报上发表]；写爬山活动，可用《走出教室，我们去爬山》。有时可以利用直观形象，引人入胜的语句，如写关于交通安全方面的，可用《了解红绿灯，幸福永伴你》[在"交通安全你我他"征文比赛中，初一（5）班维芳同学自拟此题，获优秀奖]；写周日我为父母增加课外练习题而烦恼，可用《你心换我心》。还可用比喻、拟人、双关等修辞方法，如我被父母"绑"在家里只能学习，没有玩的时间，可用《还我一片蓝天》；初一拔河赛中获胜了，可用《今天是个好日子》（由参赛队员小波同学撰写，在校文学社发表）等等。

题目起得好，可激发感情，唤起回忆，触发联想，启迪思维，为学生起到些点拨、沟通、触发的作用，也可初步激发学生写出生动活泼、有灵气的文章来。

我们还可以就地取材，妙设写作情境。实践证明，教师只有抓住学生的兴奋点去点拨，才能触发学生的写作灵感。反之，易陷入"巧妇难为无米之炊"的尴尬之境。我曾做过这样一次写作训练：有一天停电了，恰巧天下着大雨，阴沉沉的，光线不好，许多同学点上了蜡烛。课上我有意识地让同学们注意观察当时的情景，课后布置了一篇小作文《烛光摇曳的课堂上》许多同学眼中一亮，没有了往日的一筹莫展，一个个跃跃欲试。自习课时，我看着学生带着或欣喜或激动或深思的神情开始了写作，我心里有说不出的高兴。结果，几乎人人都写出了生动各异的心理活动，由点点烛光写到赞美老师的奉献精神或赞美师生之间亲密与融洽的关系，学生们把自己的真情实感流露到了笔尖，我也从中受到深刻的启发。

再如，《青山处处埋忠骨》课文中有不少细腻的心理活动描写，学生们读过课文后，我就有意识地启发学生："你有没有被老师批评或表扬过？""有。""能不能写出这时的心理描写？""能。"我顺水推舟地布置了题目为《当老师批评（或表扬）我的时候》的描写心理活动片段的作文，让学生有东西可写，有情可抒。有位学生写了题为《当老师批评我的时候》，文章写道："昨日，老师将试卷发下来，我特别紧张，心怦怦直跳，因为我觉得考得不理想，说不定还是不及格！于是，我双手托腮，着急地等着我的试卷。C等，怎么可能？我真不相信自己的眼睛，我怕老师走过来批评我，这下，我心跳得更快了。果然，'雪晴，什么原因，你自己该知道吧？'听了老师的话，我的脸像烧熟了的大红虾，我觉得自己的头无法抬起来，像是有千万块石头压在我心头上。唉，学习真该踏踏实实，不可胡乱应付啊。"我想，当学生写作思维处于兴奋状态时，文思就流畅起来了，真正变要我写为我想写，学生不就动起来了吗？

我们还可尝试分析得失，做作文小结。传统的作文教学，往往只注重在审题、选材、结构、语言方面对学生加以指导点拨，忽视了对一篇作文成败得失的总结，我认为，这不利于调动学生写作兴趣，难使学生的作文水平有大的提高。

如何快速有效地加强动的效果呢？让学生学做作文小结，不失为一种行之有效的方法。

学生为了总结一篇作文得失，就需要认真细致地回过头来看自己的文章及老师的修改、眉批和总评，学生在总结收获与不足时，就需举出一些典范例证，说明要点，阐述理由，以书面形式进行小结，无疑又是另一种形式的作文练习。课上，我有时加以修正补充，提出一些具体的改进方法，学生写作兴趣就会更浓，信心更足。我曾布置一篇题为《我最尊敬的人》的作文，有位学生总结道："本文优点在于从小处着笔，从大处着眼，叙述了自己邻居张大爷被选为老年会委员的经过，通过几件琐事和选举人的语言侧面突出张大爷是一个不计报酬，兢兢业业为群众服务的热心人。不足之处在于少了神态动作描写，语言表达方面不够精练、连贯，缺少抒情、议论。希望老师多指点。"又有一个学生总结道："以前，我的文章缺少生动的描写，自己也感到缺少"味道"，翻阅身边同学的作文，老师波浪线一条接一条，真羡慕。于是，我积累好词好句，争取学以致用。这篇文章中我就用了不少词，如'忐忑不安，悲痛与焦虑犹如浪涛涌上了心尖'等，看见老师的'用词恰当'四字，我真高兴。"我看在眼中，喜在心中。学生会进行作文小结了，他们不仅学会了如何归纳要点，如何找出自己的优势和不足，而且提高了对作文的分析能力。这种方法对切实提高学生的写作水平起到了事半功倍的作用。

让学生学做作文小结，对于学生来说，能看到自己的进步，对老师来说，也有好处。有一回，我布置了一篇《我的母亲》，一位学生从母亲送的钢笔入手，写自己看到钢笔上刻有"时间就是生命"，感受到母亲对自己的学习非常关心，结尾时他写道：我拿起钢笔，在纸上有力地写了六个大字"时间就是生命"。我给他总评是：结尾若直接点题，赞美母亲则更好！想不到学生小结道：我的结尾不仅表示了我的决心，而且呼应了开头，若写得太直接，让人感到太直白，您不是说结尾有时写得含蓄些，不更耐人寻味吗？我这才感到学生的厉害，写得挺有道理的。"教学相长"这话说得好，我也在及时补救自己在批阅中的过失，不断地提高自己批改作文的水平，这不也是提高教师作文教学水平行之有效的途径吗？

总之，学生并非天生对作文畏之如虎，我们应从激发学生的写作兴趣入手，丰富写作素材，布置作文小结，从而让学生写出富有生活气息、真挚感人、有灵气的好文章，也使我们的学生动起来了！

没有秦明月，遍地的是绿柳成荫

——致尊敬的曹培庆老师的一封信

尊敬的曹老师：

如果学生没有评价错的话，您应该是"才子型"的教师。

唐代韩昌黎曰：古之学者必有师。师者，所以传道、授业、解惑也。您作为一名语文老师热爱自己的工作，您沉醉于语文教学课堂，唐诗宋词歌赋无不成为您课堂美妙的音符；您的工作不仅是谋求生存的一个手段，还是您的精神与生命绽放光彩的航程；您的每一节课里都有您的精神血脉在流淌。曹老师，您自己就是一本最立体、最丰厚、最生动的人生教材，正是在您的引领下，我也走上了神圣的语文教学殿堂。记得钱谷融老先生在中国当代文艺理论研究领域提出"文学是人学"的观点，而您的语文课最精髓点就是尊重了"人"的生命成长体验，您的课将"人"的意义与价值凸显了出来，每堂课无不让我领略到血肉丰满的人物。

魏书生先生的班级自主管理法则是您治班的利器，"人人有事做、事事有人管"，您的学生都是班级的主人，人尽其才、物尽其用真是育人三年，着眼的却是今后十年乃至几十年。

曹老师，您还很有才气，主编过学校的《春蕾》校刊，发表过不少诗词和文章，在学校、当地教育界颇有名气。我记得1993年徐洪刚舍身斗歹徒的英雄事迹被报道后，曹老师您在全校讲演，并与共青团员进行座谈。座谈中，您当即赋诗一首，时至今日我虽已忘记诗的内容，但前时学生们发出的雷鸣般的掌声仍回荡耳畔。在讲演和座谈中，您提到了英雄主义及当代青年的道德品质等，对我个人的思想品德起到了极大的净化作用。当然，以后的事还有很多，您那坚定、有力的声音，充分体现了一位教育者对教育事业的责任感，真正体现了"铁肩担道义"的育人精神。

下面，是我们92届学生对您说的一些话，整理如下。

马海涛曾这样评价您的语文课：

至今走来，我已接触到语文课的多种情怀，但对我影响最深的情怀是崇高。老师您说过，唯有心灵崇高的人才能体会崇高。是的，您课堂演绎的每个崇高人物，都激荡着我更加崇高的情愫。透彻寰宇的崇高前所未有地把黑夜照亮，如同海子所说：黑夜给了我黑色的眼睛，我却用它来寻找光明。正是您让我看到开阔、雄壮、宏大，我沉浸在正直、伟岸之中，抛下私欲，随着这旋转升腾着的思想，走向堂堂正正，走向长风破浪会有时，直挂云帆济沧海。是您的语文课，为我植根了崇高的种子。那些崇高的种子必将开花结果，我将一路芬芳。

学生马乃庆，这样总结您的语文课：

诗歌单元您主讲了杜甫在我以往的印象中，杜甫仅仅是"诗圣"符号而已。虽然我读过不少杜甫的诗句，可对杜甫的认识还是一片空白。

可通过诗歌单元的学习，我感受到杜甫诗风沉郁顿挫，忧国忧民，在我心中他不再是书面上的一句句诗词，而是一位心忧天下的爱国志士，是一个血肉丰满立体的人，一个有着豪气、壮气、民族气的诗人，一个把民生疾苦写入胸怀的济世诗人。

从"安得广厦千万间，大庇天下寒士俱欢颜"到"无边落木萧萧下，不尽长江滚滚来"；从"国破山河在，城春草木深"到"戎马关山北，凭轩涕泗流"。我读出了杜甫的博大，我读出了杜甫的孤寂，读出了杜甫的忧国，读出了杜甫的哀伤。

他在我心中从巩县走到了耒阳；他在我心中从盛唐走到了安史之乱；他从诗歌中走来，永远留驻我心中。

学生张巨森，这样看待您的语文课：

两年以来，我体会到，真正的语文课堂不是简单的知识灌输，不是"填鸭式"的"满堂灌"，它是一个艺术的"聚焦点"。徜徉其中，字词句变成诚挚的感情，感情随着字词句或崇高或悲愤或哀伤。语文课就是苍茫夜空的星辰，照耀我的心灵更加纯洁，它不仅让我的知识与日俱增，更重要的是改变了我的人生的状态与态度。

当老师读着"吹面不寒杨柳风"时，我顿感柔风拂面，夹杂丝丝凉意沁人心脾，我开始注重体验、观察，伴着《豆芽》成长……语文课点亮了我生活的视角，新的色彩让我触摸生活，以前所未有的热情涂抹生活的亮色。

如今您的学生已桃李满天下，金黄的九月，秋高气爽的日子，又是幸福温馨的时刻。每年的同学聚会，德高望重的您都是上上宾，言谈举止透露出对教育的关注。学生们无不对您表现出真诚的景仰，借用几句古话，您的品格是坚强刚毅，学识则渊博渊深，修己是齐庄中正，对人则宽厚有容。"学而不厌，诲人不倦""磨而不磷，涅而不缁"，真"仰之弥高，钻之弥坚"，令学生学习一生。

没有西风，声声吹奏的是横笛；没有秦明月，遍地的是绿柳成荫。

万分感谢您的教育！希望得到您更多的指导！

祝老师夏安。

您的学生

2011 年教师节

批改学生的作业要具有鼓励性

一个班的学生可能会存在个体差异，但是，学生的主观愿望还是真心地愿意把所学的知识学会并掌握的。我们作为教师应该给每位学生再学习的机会和时间，培养他们主动学习的进取精神，让他们都能成功。

记得在一节语文课上，我讲完新课之后就布置了作业。很快，小李、小超、小悦、小竹、小军、浩杰六名同学做完交给我批阅。这几名同学的作业完成得又快又好，成绩自然就是优。这时，班上的一位学生叫小腾，他把作业交给我，这个男生平时学习还是很努力的，只不过各种原因使他的理解能力较差。批阅时我发现他有一道错题，我对他说："对于我们初一年级的学生，背诵默写古诗词不算难吧？""吴老师，您刚教我们这个班，不知道我的基础差，今天我只错了一个字，已经不错了，真可惜，这次又得不上优了。""你能不能把可惜变成珍惜呢？老师再给你一次机会，希望你珍惜这次机会，找出原因并把它改正过来，如果你改对了，老师就给你优。""老师，这是真的吗？""是真的，老师说话算话。"当他再次把作业本交到我面前时，目光中充满了自信。看到错题被改正了，我拿起红笔在他的作业本上写上了"优"字。望着他那充满喜悦的表情，我说："这次你让谁教你的？""老师，谁都没教我，是我自己改对的。我上次在草稿纸上写对了，可往作业本上誊写的时候，把'芳草萋萋鹦鹉洲'的'洲'抄成了'州'，所以错了。"我接着说："成绩的取得是不容易的，写作业时应认真才行，这个优是老师对你再一次努力的肯定和鼓励。""老师，我以后一定认真做作业，把字写正确。""你会成为一名优等生的，可你知道吗？只要你把这一个字写错了，整个题就会错。"

通过这件事，使我认识到，学生在掌握知识的过程中，会不可避免地遇到这样或那样的问题和困难。遇到问题是解决还是放弃，遇到困难是退缩还是迎头赶上？按照以往的等级制评定方法，我们会发现那些学习困难学生的作业本中很少有优的出现。尽管他们也付出了努力，最后也把错题改正了，但作业本上的成绩依旧是老师初评判的结果。

今天，我拿起批改过无数本作业的红笔，感到一种从未有过的沉重，我的每一次批改、评判都要对学生的健康成长有利，要对学生的一生负责。对于学生作业中反映出来的问题，我们当教师的都应当看成是学生学习过程中出现的问题，是很自然的现象。因为学习的过程是艰苦的，是需要每个学生付出努力的。教师要给予学生鼓励和帮助，给学习有困难的学生再思考、再给改正的机会和时间。因此，面对有错题的作业，我的做法是，千万不能一锤定音，批改学生的作业要具有鼓励性。

学生在他一生的成长道路中，更会遇到各种困难和挫折，面对困难和挫折教师应该想方设法鼓励学生去战胜它、克服它，争取最后的成功！这也是我们教育的初心。

信息反馈

当前，初中语文教学的一个重要课题，就是如何才能做到既减轻学生负担，又大幅度提高教学质量，这是提高学生创新精神和培养学生实践能力首先要解决的问题。而解决这一问题的关键在于怎样有效地提高课堂教学效率。本着这一目的，近年来，我对反馈原理在教学中的应用进行了反复探索，并指导实验班的学生进行了大量的有益的尝试，收效显著。

反馈是控制论的基本概念，指将系统的办理出返回到输入端并以某种方式改变输入，进而影响系统功能的过程。在教学控制论中，反馈就是把学生学习的结果及时地返回教师和学生中，从而教师调整教学方法，组织第二次教学，纠正错误，使教学达到预定的目标。

课堂教学包括教师教和学生学两个方面，学生获取知识，形成技能是通过教师讲解，学生在教师指导下练习、巩固新知识和学生独立完成作业，把知识转化为技能这三个阶段完成。因此，要提高课堂教学效率，就必须强化下面三个阶段的信息反馈。

首先教师要认真备课，重视课堂前馈控制的作用。备课是上课的前提，只有备得充实，才能上得精炼。备课，既要备知识，即认真钻研教材，挖掘教材的重点、难点和新旧知识的结合部分；又要备学生，深入了解学生对原有知识的掌握情况、心理素质及个性差异。但是，从目前情况来看，大多数教师重视前者，忽略后者。忽视对课堂教学的反馈控制，就会造成课堂教学率低下。

前馈控制，指通过观察情况、收集整理信息、掌握规律、预测趋势，正确预计的偏差消除在萌牙装态，为避免在未来不同发展阶段可能出现的问题而率先采取的措施。从信息论的角度来看，课堂教学的效率取决于信息传递效率的高低。在实际教学时，尽管教师采取了多种方式的信息反馈，如提问、板演、课堂练习等，强调信息反馈的及时性，但信息传递总是需要一定的时间，同时也不一定都能达到纠偏的目的。由于初中学生具有记忆力强、辨别能力差、遇事易先入为主、错误概念一旦形成就很难纠正过来的特点，因此教师在进行教学时，要立足于防重于治，精心备好课，切实实现前馈控制。

　　当然，这里所说的前馈，是教师对以往教学经验的总结，是以往教学经验对教师组织教学的影响。教师课前认真钻研教材、研究学生实际情况，根据教学实践经验对教学中可能出现的问题进行充分预估，并拟定必要的措施加以预防，从而保证信息传递的准确性，提高信息传递的效率。前馈控制，功在课前，益在课内。只有把功夫花在课前，抓好前馈，恰当地确定课堂的信息传递量和传递工具，才能有效地提高课堂教学质量。

　　其次，我们要精心设计反馈练习，提高信息传递效率。练习是学生巩固所学知识，逐步形成技能的有效途径。新课讲授结束以后，必须及时了解学生对新知识的理解程度。反馈手段能教师使学生及时传出信息，教师发现缺漏，及时进行调节，采取补救的办法。

　　当前，部分教师上课仍采用"满堂灌"的教学方法，只管自己讲，不及时了解学生的学习情况，只是在下课时才向学生布置大量的课外作业。也有不少教师课堂上注意信息的反馈，但由于反馈练习的设计不合理，采用的反馈手段不够科学化，造成课堂信息传递量少，且不够真实。教学效果不佳，学生负担过重。

在教学中，如何才能充分利用有限的时间扩大信息传递量，提高信息传递的效率呢？

我们必须对练习题进行精心设计，使练习更具有针对性。教师应尽可能采用判断、选择等标准化题型，以缩短学生答题及评价时间，使信息传递的速度更快一些，传递量更大一些。有些知识在练习时不宜采用上述形式，也应避免在与本节知识无关的方面消耗时间。

在反馈的手段上，我们使用的工具上要科学化。以前反馈的手段主要是学生板演，花费时间长。现在，我们采用反馈板，效果甚佳，每名学生一块反馈板，练习时学生在反馈板上做题，完成后竖直反馈板，教师环视四周，即可了解全班学生知识掌握情况。评讲时，教师应选择具有代表性的学生的反馈板，师生共同评讲。这样，获得的信息真实，反馈周期短，信息传递效率高。同时，学生解答过程中所有的错误都能被教师发现，便于集中或个别纠正，大大提高了课堂教学效果。

最后，我们必须注重课堂独立作业，减轻学生课后负担。课堂独立作业是一堂教学课的重要组成部分。课堂独立作业能将一堂课的教学效果能够及时反映出来，如果发现缺陷，当堂就能纠正。

目前，有相当一部分教师不重视反馈。课堂作业几乎取消，变成课外作业了。这样做的结果，就是课堂上正确的知识得不到强化，错误的知识得不到及时纠正，学生课外作业负担过重，错误率高。

在实验班教学中，我很重视学生的课堂独立作业。学生进行课堂独立作业时，教师一边巡视辅导，一边批改，及时帮助学困生发现错误，订正错误，这种课内辅导比课外补差效果好得多，体现了当堂处理的优越性。教师当堂处理作业时，对于学生做对的题目，随手用红笔打上对号，能够提高学生独立完成作业的积极性，增强学习的信心。当堂处理作业，还能充分发挥反馈作用，教师能及时了解学生情况，学生也能及时发现问题，巩固知识。学生在课堂上就完成了作业，课外负担减轻了，既有利于学生积极参加课外活动，提高身份素质，也有利于增强创新意识。

这是我的一些尝试，希望可以为大家提供一些帮助。

德育渗透

古人云：文以载道，文道结合。意思是运用文质兼美的文章感染读者、熏陶读者。这种感染和熏陶的主要途径是蕴含在文章中的作者的思想感情。可见在文学作品中运用德育教育是自古有之的。时至今日，德育渗透在学科教学中显得尤为重要，尤其是语文学科。为什么呢？因为通过语文学科的德育渗透有利于教育者能够引导学生掌握系统的科学知识、辩证唯物主义和历史唯物主义的观点及社会主义道德规范，这对于增强学生热爱祖国的语言文字和提高他们的思想认识、道德观念都具有极为重要的作用。

即然语文学科的德育渗透如此重要，那么我们在语文教学过程中应该选用哪些方法对学生进行德育渗透才能有效地提高学科育人效果呢？根据个人的教学体会，有以下几种方法可供参考。

我们可以用直接传输法。所谓直接传输法就是我们充分利用教材本身的内容教育学生，在语文学科教材中有丰富多彩的文章可用于直接传输。我们应该深刻领会、准确把握，讲究传授技巧，做到富有感染力和深刻的说服性。在语文教学实践中，我充分挖掘教材中的教育因素，抓住教育亮点，运用形式多样、生动活泼的教育语言说服学生、感染学生。如，我在讲解《背影》一文时，利用"父亲为儿子买橘子"那感人的一幕，联系现实生活，运用生动活泼、富有激情的教学语言教育学生继承中华民族的传统美德——孝敬父母。孩子们听了深受感动，并用自己的实际行动为父母做一些家务。

我们还可以运用价值辨析法。这里所谈的价值辨析法是我们对文学作品、历史事件和人物、社会现象等做出有关是非、美丑、真善的分析研究和价值判断，寓教育于褒贬、爱憎之中。中学生的思想还成熟，对于发生在他们身边的社会现象和生活现象无法做出准确的判断。想让学生分辨清楚这些社会现象和生活现象，运用语文课本中的典型人物的优秀品质和感人的优秀事迹去教育和感化他们是一种切实可行的有效途径。在新编初中语文教材中有的课文是讴歌真善美，有的文章是鞭挞假丑恶。教师们要深刻领会，认真把握，抓住有利的时机引导学生树立正确的人生观、价值观和世界观。如，我在为学生讲解《纪念白求恩》一文时，充分运用白求恩为了中国人民的抗日事业不远万里来到中国，最后献出自己的生命这一感人事迹，深情地指出：白求恩的精神是一种高度的国际人道主义精神，是一种高尚的扶危解困的助人为乐的精神。时至今日，这种精神并没有过时，更需要被我们大力弘扬。为此，我在班上及时地开展了"学习白求恩"的活动，倡导同学们互相帮助。此后，互相帮助的风气在班上蔚然成风。

又如，我在讲解古诗词《满江红·凭栏处潇潇雨歇》一词时，讲到了秦桧为阻止岳飞抗金以莫须有的罪名诬陷他。岳飞在临死前写下了这首慷慨激昂、悲壮雄浑的《满江红》抒发自己有志难伸、报国无门的悲愤心情。当时我满怀激情地指出，岳飞为了广大人民的利益而英勇抗金是值得我们尊敬的，而秦桧为一己之私阻止人民抗金，损害了人民的根本利益，成为千古罪人，永远遭人唾弃。像这样在课堂上运用价值辨析法树立了学生正确的价值观，规范了他们的道德行为，培养了他们的良好品质。

另外，我们还可以运用情绪感染法。情绪感染法，顾名思义即教师在语文教学中对课文中的文学形象、历史事件和自然景观等倾注满腔的热情，以丰富的情感和鲜明的态度影响和教育学生。情绪感染法的运用，有利于激发学生的想象，感受课文中的人和事，从而形成正确的人生观、价值观和世界观。初中语文教材中有形形色色的文学形象，也有优美如画的自然景观。教师只要在课堂上抓住一些典型的文学形象和优美的自然景观，运用丰富多彩的情感语言去影响和教育学生，那么对学生的德育渗透定会收到最佳的效果。

如，我在讲解郦道元的《水经注》描写的三峡风光时，充分运用文中的优美词句辅以优美的三峡风光照片，加之我富有激情的讲解，激发了许多学生想去三峡一睹为快的念头，无形中便培养了学生们热爱祖国的感情。另外，在课文里抓住典型人物的典型性格教育学生和感染学生也是中学语文德育渗透的一个有效途径。如，在为学生讲解《我的叔叔于勒》一文时，我对主人公所持的态度是可鄙可憎。在课堂上，我用充满愤怒的表情为学生讲解菲利普夫妇的贪婪和自私的性格，激起了学生们对他们的憎恨，从而使他们明白了自私是人所不齿的。总而言之，在教学中运用情绪感染法，天长日久便会使学生形成正确的人生观和世界观，进而激发起他们热爱祖国的情感。

语文学科的德育渗透对培养学生热爱祖国的语言文字，培养学生的爱国主义、社会主义、集体主义和良好的心理品质有着不可低估的作用。同时，也为学校实施素质教育，全面提高学生的基本素质起着举足轻重的现实作用。因此，我们有必要在课堂中运用多种方法对学生进行德育渗透，只有这样，我们的学生才能在将来真正成为高素质的有用人才。

美育处处显

大自然是美的源泉，具有永不枯竭的教育的资源，无论春华秋实、夏雨冬雪，不管崇山峻岭、小桥流水，都给人以美感，启人以智慧，教人热爱生命，热爱生活，热爱祖国，热爱故乡。组织学生游览名胜古迹，欣赏海底世界；春花开了，赏花；夏虫鸣了，听音；秋叶枯了，看叶飞；冬日近了赏雪……均可陶冶学生健康向上的情趣和高尚的道德情操。

我在班级对学生进行美育教育后，学生口中沉睡的礼貌用语已不用教师唤醒；对置若罔闻的家长劝告已经变成洗耳恭听。望见奔涌而下的泉水，想到的是"飞流直下三千尺，疑是银河落九天"，看到街边伸出双手的孤独小孩，他们伸出援助之手；想到山区坐在四面透风只有黑板的教室里读书的孩子，他们建立了援助基金……校园里随风飞舞的垃圾因同学回到了它们该去的地方；实验室里水龙头能按时休息，不再是不知疲倦地奔流；教室里的窗帘被不知名的同学洗了一次又一次，不见了垢迹，一切都在改变，变好、变美。

作文新思路

作文教学是语文教学的重要组成部分，传统的作文教学是教学中最枯燥乏味，让学生头痛，老师劳神的一件事。那么如何才能调动学生的写作兴趣，提高写作能力呢？我认为可以采用以下新思路。

思路一：编报式。就是模拟报纸编辑，通过编报学习写作、提高写作水平。教学开始，教师要引导学生树立编辑的自豪感与责任感。然后，根据写作内容，引导学生以"编辑"身份，报名自己报刊，文章自己写、自己选、自己改，报头、插图自己画，版面自己设计，自己按版面誊写文章。学生完成自己的报刊作，教师可按写作要求，进行评论，择优张贴，供人学习。如我曾指导学生写《板报稿》及其他各种记叙文、应用文等。但板报式费时多，我还要精心指导。

思路二：自主式。强调"自己立意""自己选材""自己命题""自己列纲""用自己的话表达真情实感"，独立自主地走完写作全程。训练过程中，强调主导与主体之间关系的辩证处理，教师需充分调动学生学习作文的积极性、自觉性，使学生充满兴趣地参加到作文实践中来，成为作文课堂的主人。

思路三：情境式。就是创设一种与写作内容完全吻合的动人情境，然后把学生逐步引入这种情境，因势利导，指导学生写作。如指导课堂素描、应用文及写人、记事、描景的文章。创设情境指导写作，能使学生自觉、主动、兴趣盎然，并在欢乐中学习。

思路四：现场观察式。学生虽然生活在大千世界中，可他们平日根本无暇融入大自然中去感受。因而每当上作文课时，只能是茫然四顾、一脸无奈。为了克服这种缺点，我们在作文教学时，可以把学生带到写作现场，指导学生充分利用感觉器官，细致观察写作对象。通过多角度观察，捕捉活动（或事物）特点的全过程，边观察边思考，展开丰富的联想。然后，让学生现场写作，围绕要表达的中心，一步一步地写清楚。写不好，可在现场再观察，再思考进行修改，使写作符合实际，达到训练目的。

以上是我进行作文教学的一些新思路。

平视作文

对学生来说，作文是语文学习的重头戏，写好作文，不是一件易事。然而，我们不能因此就神化作文、拔高作文，我觉得正确认识作文是写好作文的第一步。

许多同学一听见写作文，便叫苦不迭，更甚者发出"作文难，难于上青天"的慨叹。于是，更多同学便产生了畏怯心理，这样就在无意中自己先短了几分，久而久之便认为：作文，只是一些优秀学生的"专利"，是象牙塔里的"神灵"，美丽却又遥不可及，似乎不是我等闲之辈所企及的。也因此，常常看着别人洋洋洒洒、妙笔生花而徒生羡慕之情，只知"临渊羡鱼"，不知"退而结网"。这样一来，在认识上，就无形中将作文神秘化，不经意间拔高了作文，使自己仰视作文，更将作文划入了别人的圈子，从而使自己走入了一个认识的误区。

其实，作文就是日常生活中的芸芸众生，是你、我、他。只有正确认识到这一点，我们才能主动提笔耕耘。生活每天都令人怦然心动，关键是我们没有一双捕捉精彩瞬间的慧眼。所以，当你看见春天的第一抹新绿，或是注意到秋天的第一枚黄叶时，不要漠然置之，更不要视若无睹。无论是喜是悲，无论雀跃黯然，都应认真地把那份心情记下来。久而久之，习惯成自然，这时你就会发现：原来作文并没有高不可及，认清了它的"庐山真面目"，你也可以挥洒自如，激扬文字。

近年来，受应试教育的影响，部分同学抱定"天下文章一大抄"的信条来应付作文。老师布置一篇作文，大家不是用心去写，而是被动地去完成一项任务，自然也就没有创作的快乐，只有无话可说的悲哀。同时，也因为部分学生比较自卑，所以在无范文可仿可抄时便一筹莫展，不主动去挖掘自己的创作潜能，根本就不去试一试便一味地否定自己，尤其是作文水平差的同学更是"破罐子破摔"，干脆就不写了。

无可厚非，好的写作技巧是写好作文的关键，但我认为：正确认识作文更是写好作文的前提。愚公之所以有搬运大山的自信，是因为他对大山有正确的认识（山不加增），倘若大家正确认识作文，相信也能有写好作文的自信。正是大家将作文看得太难，才不肯主动前进一步就轻易放弃，不去试便连成功的可能也没有。因此，我在这提醒大家：既然在不经意间失去了太阳，那么，从现在开始就走出误区，不要再在清醒中失去群星。

教学衔接

随着教育改革的深入发展，我们在实施素质教育，优化课堂教学结构，改革教学方法和减轻学生过重课业负担等方面进行了积极的探索，积累了丰富的经验，取得了丰硕的成果。但是我们还应该清楚地看到，在当前，中小学语文教学在衔接上仍存在着一定的问题。翻开人教版小学六年级第二学期和初中一年级第一学期的语文教材，我们不难发现：小学语文教材第十二册有课文18篇，其中包括阅读课、基础训练、综合复习材料和生字表；初中语文教材第一册有6个单元，课文30篇。小学生进入中学，又增加了几门新的学科课程，每周语文教时数由9节减至6节，而语文教材的内容又比小学六年级增加了一倍多，因而很多学生一下子不能适应，语文成绩明显回落。鉴于此，近年来，我在狠抓课堂教学的同时，不断拓展学生的课外阅读面，开展丰富多彩的语文课外活动，三管齐下，主动做好中小学语文教学的衔接工作。

首先，我在课外阅读上进行实践，拓宽学生的阅读面。实事求是地说，选入语文教材的文章，虽然大多文质兼美，但同时我们又必须看到，一部分课文已缺乏时代感和趣味性。我根据学生的自身特点和兴趣，针对初中年级教材中有典型意义的课文，兼顾基础训练中的习作要求，在其他版本的语文教材少儿报刊和古今中外优秀文学作品里，寻找与之密切相关的文章，加工汇编成《课外阅读文选》（简称《文选》）。每学期指导每个学生学习15—20篇文章，用以配合课堂教学，使课内外相互贯通，紧密联系，相得益彰。

这里就涉及同类辅助的问题，所谓同类即与其课文或基础训练中的习作要求在某方面相同或相仿的文章，如同一作者，同一体裁，同一主题，写作方法相同，内容类同等。教师在教学一篇课文时，就可以选择几篇同类文章辅助学生学习。如教朱德元帅的《回忆我的母亲》，我就安排学生读《文选》上的《我的爷爷》等有关文章，帮助及时地复习和巩固课堂学到的写作方法和规律。让学生在有律可循中读书，思考练习，达到举一反三的。

在实践中，还要以点带面，加以扩充。以课内学习带动课外阅读，两个轮子一起转，用从课外阅读中获得的知识进一步深化课堂教学内容，如学习了《皇帝的新装》后，我指导学生读《安徒生童话》；学习了《智取生辰纲》后，我指导学生读《水浒传》的其他章节。

在实践中，还要由此及彼，互相比较。我指导学生将课文与《文选》上某些文章比较阅读，启发学生发现掌握读写方面规律性的知识，如学习《诫子书》时，我安排学生比较阅读《借东风》《空城计》等，学生真切感受到了诸葛亮的才智过人、办事胸有成竹。这样不仅使学生增长了知识，而且更深刻地把握了课文的写作特点。

其次，我还加强培养学生的阅读能力。拓宽学生的阅读面，不但要讲量，更要重质，真正提高学生的阅读能力，促进学生语文素质的全面提高。我的做法是：

一是，千方百计，激发兴趣。兴趣是最好的老师。只有让学生产生我要阅读的内部动力，才能开发他们的心智，提高他们的自学能力。我常用生动、形象的语言向学生简介要读的文章内容，以激发其阅读兴趣。我也常利用故事中精彩、紧张、感人的情节创设悬念，让学生产生寻根究底的好奇心，以此激发其阅读欲望。

另外，必要的考查也是激发学生阅读兴趣的有效措施。我把对《文选》的考查列入期终考试范围，《文选》的考查成绩占总成绩的5%—8%。

二是，布置自读，适时指导。《文选》主要靠学生自学，但教师须教给学生一定的阅读方法，以满足其求知心理的需要。我通过平时课堂教学中的阅读指导和课外举办的阅读知识小讲座等途径，重点向学生传授基本的阅读方法，引导学生体会作者的立意、选材、谋篇布局遣词造句的技巧，培养学生养成边读边想边批、画、勾、注的良好阅读习惯。

一般说来，课前阅读是为理解课文做铺垫的，课中阅读是课堂教学的拓展和深化，课后阅读是课堂教学的进一步延伸。总之，教材与课外读物贯通，目的是进一步深化课堂教学。

教师有必要经常检查学生的阅读速度和效果，总结提高。我布置学生阅读《文选》，会做到及时检查，检查学生读了没有、是否读懂了、有哪些疑难，我都了然于胸。我采用的检查形式有：①朗读和背诵。采用个别读、小组读和全班读等形式检查学生的读书情况，看是否读得正确、流利，精彩的片段能否熟读成诵。②检查学生对《文选》上精当的词语，精辟的句子，精彩的段落是否勾、画、注得当，对课后思考题的理解是否确切。③编拟自测题，确保学生人手一份，并要求学生作答。每次检查，我都对作答优秀及时表扬；对马虎的学生及时提醒，督促他们养成良好的阅读习惯；对学生存在的疑难问题，我鼓励讨论，启发学生自己解决，必要时教师做点拨。

为了加强衔接，我还开展了形式多样的语文课外活动。学生的全部语言生活是我们进行语文教学的起点和归宿。语文课外活动的开展，为学生提供了大量的实践机会，有利于他们熟练掌握语言应用的技能、技巧。围绕听、说、读、写，我开展的课外活动有观察日记展评、编写手抄报等以写为主的活动；评选故事大王、朗读录音展播、传话不走样、新闻发布会等以听、说为主的活动；每周阅读1—2份报刊，评比优秀读报小组等以读为主的活动。另外，我还经常举办语文知识讲座和竞赛，鼓励学生走上街头，指出错别字；让学生摘录广告语，寻找滥用乱改成语的不良现象。

我还将语文课外活动与生物学、地理、道德与法治等学科和活动课程相结合，围绕有时代气息又贴近学生生活的主题，开展系列课外活动。如为迎北京冬季奥运会，我布置了一个以"迎奥运，振国威"的主题的活动，要求学生广泛搜集有关我国申办奥运的资料，进行阅读，通过阅读自己的资料，然后进行交流、汇报，最后老师点评活动调动了学生的多种感官积极参与，收到了较好的教学效果。语文课外活动以各种形式为学生创设语言实践机会，培养了学生的能力。

通过以上努力，我有效地缩短了小学高年级与初中一年级在语文教学上的距离，为学生初中语文打下了坚实的基础。

读品悟

语文新课程标准对语文教师提出了全新的要求，教师一定要意识到语文课程的改革，绝不是对教科书的修修补补，而是从培养目标、课程功能、价值到课程内容、教学方法、学习方式、评价等进行的全面改革，它是根本性的变革。这是我参加了语文教学观摩研讨活动之后的感受。

如何革除语文教学的弊端？新课程标准提出的多读书，少做题，"积累""感悟""品味""熏陶"等方法为语文教学改革提供了一个便于操作的切入口。一种全新的教学观念在我的脑子里更清晰了，我下决心把它运用到日常的教学工作中去。

《壶口瀑布》是我上公开课选择讲授的课文，它是我国著名作家梁衡写的一篇文章。壶口瀑布位于黄河中游秦晋大峡谷，河床至此非常狭窄，犹如壶口，河水急跌而下，汹涌奔腾，声震天地。本文描绘的就是这一胜景，让人感受到大自然的神韵，赞叹不已。对于这样一篇质地上乘，但内容并不深奥的佳作，我该怎样引导学生理解课文内容，体会作者所表达的情感并与之产生共鸣，受到热爱大自然的教育，提高欣赏美、鉴赏美的能力呢？在教学中，我摒弃了传统的提问、分析讲解的教学方式，大胆地采用了"读课文，品词句，悟感情"的教学方式，以培养学生的阅读技能。

一、初读，整体感知课文，以明确学习目标

第一课时，我首先从导读入手，让学生整体感知本单元的训练重点，明确本单元的训练重点是"阅读要有自己的见解"。再让学生自学课文，主要任务是了解作者与课文相关的创作背景，学习生字新词，通过自读、自悟，使学生发现问题，提出问题，并通过查工具书，相互讨论等形式解决问题，同时使学生把课文读通顺，读流利，从整体上把握文章的内容，理清文章的思路。

二、细读，品析词句，领悟感情

本文文字优美、传神，如果学生能紧紧扣住这些词句，联系上下文进行品评，凭借课文的语言环境进行理解，就能领悟文章的内蕴和作者的思想感情。

第二课时，我首先在乐曲《苗山岭的早晨》的配合下范读了课文，优美的旋律和我声情并茂的朗读把学生带到了课文所描绘的意境中，极大地激发了他们的学习兴趣。随后我提出要求，让学生自由朗读课文，找到自己最喜欢的部分多读几次，并想想为什么喜欢，能用朗读展示出来吗？因为是让学生读自己喜欢的部分，把学习的主动权交给了他们，所以学生的积极性被充分地调动起来，有的在默读，静心理解；有的在有感情地朗读，体味声韵之美，体会课文的情感；有的边读边勾画、批注。随后，学生又在小组中进行讨论。最后，全班交流时，学生争先恐后地举手谈自己的体会，内容之广泛、想象之奇特、感悟之深令我感到由衷的高兴。因为学生理解得正确、深刻，确实与作者的情感产生了共鸣，所以朗读也就水到渠成，读得十分精彩。

我对每个学生的回答都给予充分的肯定，学生受到了极大的鼓励，举手更加踊跃，学生所说的感受在书上找不到现成的答案，需要对课文内容理解、内化吸收以后，组织好内部语言，然后做出正确的表达。这不仅加深了学生对课文内容的理解，而且强化了语言文字的训练，有利于培养学生的创新能力。特别是由于每个人的感受都不相同，学生在交流的同时，所讲述的不同内容相互交叉、渗透，使他们开阔了视野，提高了学习能力。

这样上《春》这节课

这是一节公开课，课前我不要求学生预习课文，也不告诉学生学哪篇文章。上课时我首先宣布一条纪律，同学们把课本放在课桌上，没有要求打开时一律不准打开，接着一场精彩的表演拉开帷幕。

师：这节课同学们与朱自清比赛作文，大家敢不敢比？

一些学生回答：敢。

师：有没有信心赢？

个别同学回答：有。

师：朱自清写了一篇脍炙人口的散文——《春》。假如大家也以"春"为题目写一篇散文，怎么写？春天是一个抽象的概念，怎样才能把春天具体表达出来？

学生们争先恐后地发言，有的说用比喻、拟人等修辞手法来写；有的说用象征手法来写；有的说通过写春天的花草树木、莺歌燕语来；有的说通过写春天的太阳、月亮、星星来表现；有的说写春风、春雨和春天的气温变化；有的说通过写春天与夏秋冬的对比来表现，等等。

师：怎样描写春草？

有的说春草像绿色的地毯；有的认为春草像绿色的海洋；有的说春草像妈妈温暖的怀抱；有的说春草像淘气的小孩在捉迷藏，突然出现在园子里，突然闪现在那片田野里，突然又绿遍那座山头……

师：怎样描写春花？

有的说春花像世界美女大比赛，争妍斗艳；有的说春天像魔术师表演，一会儿展现一片红色，一会儿展现一片白色，一会儿展现一片紫色，一会儿展现一片粉红色；有的说春花像彩霞，万紫千红……

师：春风像什么？

有的说春风像妈妈的吻；有的说春风像奶奶的手抚摸着我睡觉；有的说春风像交响曲，催动大地复苏、万象更新……

师：春雨像什么？

有的说像浓烟、像雾；有的说像万箭齐发；有的说像羊毛像钢丝像轻纱有的说像一场美梦……

师：人们对春天的到来态度是怎样的？

有的说人们渴望春天的到来就像孟姜女渴望修筑万里长城的夫君早日回家……

师：春天像什么？

有的说像孔雀开屏，艳丽迷人；有的说像种子播下新的希望；有的说像稚童充满着朝气、充满着力量、充满着新鲜感、充满着欢声笑语……

至此，我才让学生打开课本，先听录音范读一遍，接着我把学生分成男女两组轮流各读一自然段。读完后，我提问："同学们比较一下朱自清写得好还是你们写得好？"学生们异口同声地回答："各有千秋。"就这样，《春》这篇课文的第一课时在充满智慧和创造中落下帷幕。

评课的时候，老师们众说纷纭，莫衷一是。但我还是坚持自己的教法，我认为这是再好不过的了，理由如下：

一、培养学生的创造性思维是教育的灵魂，是素质教育的重中之重。而想象力和联想能力是提高创造性思维的重要因素。我在这节课里让学生合上课本充分发挥自己的聪明才智去想象和联想，很好地训练了学生的想象和联想能力，也就是很好地训练学生的创造性思维能力。

二、提高想象和联想能力是提高写作水平的重要途径。我这样训练学生的想象和联想能力，能很好地促进学生作文水平的提高。

三、中学生求知欲旺盛，好竞争，好表现自己。我这样做满足了他们这些心理，激发了他们听课的兴趣，调动了他们积极性，从而活跃了课堂气氛。

四、我这样做打破了课堂常规,改变了教学的模式化。一方面,我带给学生新鲜感,有利于提高他们听课的兴趣。另一方面我让他们知道哪怕从来如此,也有改变的时候,从而增长他们的见识,提高思维的灵活性。

五、有比较才有鉴别。学生把自己想象和联想的结果与朱自清的想象和联想结果进行比较,就能更好地体会到朱自清的《春》这篇文章的精妙之处,更好地掌握想象和联想的方法。

六、让学生与名人比赛作文,使学生从小就产生不迷信权威、敢于向权威挑战的思想。这正是一个人有所发现、有所发明、有所创造、有所作为的重要品质。

审美教育

《中学语文教学大纲》指出:语文教学在培养学生语文能力的同时,也要引导学生提高思想认识、道德修养、文化品位和审美情趣。由此,审美教育成为中学语文教学中不可或缺的重要内容。

我们语文教师应当怎样进行审美教育并提高学生的审美情趣呢?我结合自己的教学实践,做了以下归纳。

我们要把握审美心理过程和特点,努力培养学生发现美、感受美、鉴赏和表达美的能力。

审美教育主要是培养学生的审美意识和健康的审美观念。审美意识包括审美感知、审美观念、审美理想、审美趣味和审美能力等。审美（美感）的心理要素包括感觉、知觉、联想、情感和思维等。审美心理过程分为审美期阶段、审美实践阶段、审美弥散阶段三个阶段。把握了这些知识，教师就可以引导学生去发现美、感受美、鉴赏美和表达美。

怎样引导学生去发现美呢？我们可以从观察入手，把课内学习与课外活动结合起来。也可以从语感入手，培养学生对语言文字的感知和概括能力。还可以加强朗读教学，让学生从和谐的韵律中发现美。学生只有受到作品艺术形象和境界的感染熏陶，理解和把握作品所表达的情感，才能从整体上感知作品所蕴含的美。

鉴赏美主要是课堂上教师要引导学生由外到内，由浅入深去感受作品中的形象，体会作者的情感，领会作品的意蕴，从而陶冶学生的情操，培养和提高学生的审美情趣。比如杜甫的《江南逢李龟年》：岐王宅里寻常见，崔九堂前几度闻。正是江南好风景，落花时节又逢君。从写实角度和表层理解：杜甫再次遇到李龟年时春光正好，百花早已开放，有的已开始凋落的春天。联系整首诗做进一步理解：李龟年过去是王公大臣宠幸的歌手，如今流落到江南，其盛期已过；杜甫少年时在文坛上便有名，而今抱负无法施展，辗转漂泊，这首诗也含蓄地表达了作者对自身不幸的感叹。联系背景做深层次理解：唐朝经过了安史之乱，升平局面已一去不复返了，这首诗还包含了作者对国家残破、民生凋敝的无限感慨。这一鉴赏过程就体现了由外到内、由浅入深的特点。

表达美是对美的一种创造活动。一方面，教师在阅读教学中要用好的方法去唤起学生创造美的欲望，激发学生对美的探索。另一方面，教师在作文训练时要引导学生把从生活、文艺作品中积累起来的美的东西表达出来。

我们还可以根据课文特点进行审美教育。对于诗歌，教师应该用饱含燃烧着的诗的热情的心灵去教学。不要把一首优美的诗歌肢解成一个个字符。要引导学生朗读成诵，甚至能吟唱，从整体上把握诗歌的语言美、想象美、音乐美、意象美和意境美。

教师在讲解散文时，要根据形散神聚和情景交融的特点，对学生进行审美教育，引导学生品味丰富多彩的题材美。古今中外的人和事、名山大川、风土人情都可以汇于作者笔下，呈现在读者眼前。即使一草一木，一景一物，都饱含了作者的情感。《一滴水经过丽江》以一景入文，表达了作者对美的热烈赞美和积极向上的精神，教师要引导学生品味含蓄凝练的语言美和各具特色的风格美。朱自清的朴素隽永，冰心的慈爱清新，茅盾的深刻细致，巴金的缠绵亲切，白羽的凝练等，在讲解他们的文章时，教师可以引导学生好好领悟，体会充满诗情画意的意境美。此外，教师还可引导学生体会灵活自由的选材、组材及表达方式多样性的形式美。

小说教学时，教师要从情节、人物形象和环境等方面对学生进行审美教育。小说情节往往曲折生动，对展示人物性格、表现主题具有重要作用，小说的美学内涵相当丰富。莫泊桑的《项链》，通过路瓦栽夫人借、失、赔项链和还债务时发现项链是假的这一曲折情节，表现了女主人公爱慕虚荣，又不乏诚实、天真的品质。人物形象是小说反映社会生活的主要手段，其美学价值很大。教学时，教师要引导学生充分理解人物的肖像言行、心理等特点及人物生活的环境，进而把握人物形象及其典型意义。透过《孔乙己》中的孔乙己及其生活的环境，我们分明看到了封建社会对知识分子的摧残与迫害，分明看到了封建礼教吃人的本质，深刻领悟到了反封建的必要性。

戏剧是综合艺术，教师应抓住其结构、尖锐的矛盾冲突、人物和台词等对学生进行审美教育。

讲解议论文时，教师应抓住严谨的结构美、论证的严密美和准确、概括、鲜明、生动的语言美对学生进行审美教育。

鉴赏美是多样的。教师想让学生表达美、创造美，从而提高学生的审美情趣，进行作文训练进行也是一种途径。作文训练，一方面能提高学生的思维能力和语言表达能力，另一方面能对学生进行审美教育，让学生表达美、创造美。作文训练应该序列化，应体现由简单到复杂这一过程。教师在设计题目时，要多考虑反映现实生活中美的人物和事件；也可以让学生随时记录下自己在生活中见到的和感受到的美好的人、事、景、物。让学生去讴歌美好的生活，进而热爱并创造美好的生活。

最后，我们可以通过语文课外活动，让学生体验美，从而提高学生的审美情趣。祖国山河多姿多彩，教师可以带领学生投入大自然的怀抱，去体验山河的壮美和秀美。让学生积极观察生活，发现农村田园的静谧美、城市的繁华美；体验人际关系的和谐美与勤劳、豁达、诚信、不屈不挠的人性美。

教学札记

一个责任心强的教师，上课之前，总会花很多的时间去查阅资料，冥思苦想地设计教学方案，力争在课堂教学中达到最佳的效果，实现有效教学。这就是我们常说的充分备好每一节课。

的确，有时一课时的教案，我竟洋洋洒洒地写了近万言，而实际上课时并没有实现优化教学这一设想。后来我听了一个故事，颇受启发。故事说，一位特级教师给老师们上示范课，课讲得非常成功，于是听课的老师们想看看这位特级教师的教案。这位特级教师慷慨奉献，结果却大出老师们的意料——教案只有几百字。看到大家吃惊的样子，特级教师一本正经地说："这份教案我整整写了三十年呀，并且每讲完一次课我都修改一次，每次的教案也不尽相同。"这个故事告诉我们：成功课的教案不在于篇幅的长短，而在于充分把握要点，重在实用，常备常新，不能千篇一律使用某一固定的格式。要想在单元时间内提高效益，我们就必须及时地对我们所教的课程进行小结，对教案进行修改，达到高度凝聚。久而久之，教案就会写得短小精悍。把小结记入课后附记，就是我们的教学札记。所以说教学札记是教案的重要组成部分。

既然教学札记是备课的重要组成部分，那么我们就必须做好教学札记。其实，成功的课也会有不足，失败的课也可能会有长处。教学札记可以及时地记录课堂教学中所发生的一些现象，总结一节课成功的经验，反思查究一节课失败的教训。无论成败都需要到教案中寻其原因。教学札记还要忠实地记录教学过程中出现的种种情况，如师生突发奇想的叙述或论证，教学方法的灵活运用，对偶发事件处理的成败等。做好教学札记非常重要，特别是现代化的教育，要求我们教师都要参与教育科研活动，而我们不少教师感到没有什么内容可研究。其实教学札记会给我们的教育科研提供大量的事实依据，也会给我们参与教育科研提供更多更新的课题，因为这些资料来源于我们亲身的实验与实践，更具有真实性性，也更有说服力。我们是工作在第一线的教师，我们写的教为札记所反映的现象更具有普遍性，解决问题的方法就更有实用性。所以教师要进行教育教学科研活动，教学札记不能不记！

教学札记，使我受益匪浅。拙作《略论语文课的控制力》《由零分作文漫议写作教学》等，都源于教学札记。教学札记，使得我的教案不断得到翻新，教学方法不断得到改进，所以教学效果也得到了很大的提高。

教学札记是一种变相的经验总结。"经验总结是一种意识，是有目的地收集材料的方法。工作在第一线的中小学教师都有一定的教育教学经验，但大多数教师对此缺乏有意识的积累、总结和概括，因而将大量宝贵经验局限在狭窄范围内，甚至付之东流。"（摘自内蒙古自治区教育科学研究所《中小学教育科研》）是啊，请老师们做一下假想：贝多芬给视障姑娘和鞋匠弹完曲子后，如果不及时地把它记录下来，那么，我们现在还能欣赏到那著名的《夜光曲》吗？于是我想大声呼吁：老师们拿起笔来吧，用我们"耕云播雨"的手，记好教学札记。这对我们自己、对他人、对工作，都大有裨益。

板块教学

——以《记承天寺夜游》为例浅析

本人多次参加教学能手公开课的评选工作，从众多优秀教师的课堂呈现效果来看，一位语文教师要想高质量地完成一堂授课任务，需要高质量地完成前置工作：备课。怎样才能让语文课有层次感、有艺术性、有效率、有语文味儿、有仪式感、有素养？所谓台上三分钟，台下十年功。依据这个道理，结合自己多年的教学经验和众多优秀案例，现在就以中学语文备课，谈谈以下几个注意点。

一要分板块。这里是说，教师拿到上课文本，要先认真地研读文本，包括作者写作文本的时代背景、作者的人生经历及文本本身包含的文学意境、艺术特色、情感价值观等。只有对文本有了足够多的了解，甚至对文本所包含的每个词语、每个句子的含义，文本所有的信息都了然于胸的时候，才能对文本归纳分析，从整体上列出板块，按照板块分层授课。

例如《记承天寺夜游》一文，文中的时代背景是苏轼在宋神宗元丰六年（1083年）写下此文。此时，苏轼因乌台诗案被捕入狱，后获释出狱，被贬谪到黄州担任团练副使，却不得签署公事。有职无权的他心情抑郁，但仍然把有进取之心，就写了这样一篇文章。再看苏轼的一生，将承天寺夜游放在他人生的坐标上来审读，可以深刻地了解到文本折射出的苏轼的思想。可以说，苏轼的思想横跨儒、释、道三家，宠辱不惊。这篇写在逆境中的文章，更折射出他极具包容性的人格魅力。

基于上述的备课内容，本节课完全可以构思为三个板块进行授课。第一板块：赏奇景；第二板块：论其人；第三板块：悟其情。

板块一：赏奇景。

课堂中，教师可以让学生读文本，找出文本中描写景色的句子。"庭下如积水空明，水中藻荇交横，盖竹柏影也。"并对句子进行赏析。为了规范学生的语言表述，可以进行句式上的要求，如，这是一幅_____的山水画，它描绘的是_____。让学生结合文本注释和自己的感悟赏析景致之美。

板块二：论其人。这一板块，教师可以再次让学生朗读课文，要求学生读出宁静的氛围，读出一点儿夜游的兴致，然后让学生叙述故事。元丰六年（1083年）十月十二日夜晚，苏轼脱下衣服准备入睡时，恰好看到月光照在门上，苏轼便高兴地出门散步，想到没有共同游乐的人，于是前往承天寺寻找张怀民。张怀民也没有睡，两人便一同在庭院中散步。庭院中的月色宛如一泓积水，清澈透明，水中藻荇交横，原来是绿竹和翠柏的影子。哪一个夜晚没有月光，哪一个地方没有竹子和柏树呢？只是缺少了像我们两个这样的闲人罢了。教师让学生依据故事进行小组讨论，讨论苏轼其人。同样为了规范表述，我们可以提前设计参考句式，如，月是空明之月，人是＿＿＿＿＿＿之人，因为＿＿＿＿＿＿。

学生根据文中的语句，发表观点，苏轼可以是性情之人、是悠闲之人、是闲情逸致之人等。

板块三：悟其情。这是备课中提升学生情感素养的关键，在学习本文中还要让学生受到古代先贤思想的濡养。为此，备课中，教师要进行拓展延伸，拓展材料，让学生结合文本进行明晰及沉思夜游，体会文本抒发的苏轼壮志难酬的感慨及自我排遣的悠闲，和他旷达乐观的人生态度。这次授课可以说对文本有了整体的整合和重构。

板块教学面向的不仅是文本内容的赏析，也是对授课思路的重新构架，还是对学生成长的一个演绎。板块教学不仅需要我们老师有广博的学科知识储备，还需要有较强的概括、分析、理解能力，这是对我们教学能力的一个挑战。

对《藤野先生》文本解读的思考

人教版八年级下册的《藤野先生》是初中语文教学的名篇。讲授《藤野先生》要先确定本文的教学内容，而文本解读是研究教学内容的前提，当前语文教师对本文的解读，参考最多的莫过于《教师教学用书》。

《教师教学用书》对《藤野先生》的文本解读是这样的：

（一）本文的叙述线索。本文以作者与藤野先生的交往（交往的缘起、交往的经过与别后的怀念）为叙事线索，围绕藤野先生的崇高品质这一中心组织材料。除回忆藤野先生这条明线外，本文还有一条暗线，就是作者思想感情的变化。文本中很多材料，如写东京清国留学生赏樱花、学跳舞，写赴仙台途中对日暮里和水户的深刻印象，写仙台医专日本"爱国青年"寻衅和看电影事件，写作者弃医从文，都是围绕这条暗线来组织的。因此，文章篇幅虽长，却脉络分明；材料虽多，却井然有序。

（二）人物刻画抓住主要特征，突出精神性格。文中具体写了四件事，从不同的侧面表现了藤野先生的高贵品质。1. 主动关心"我"的学习，认真为"我"改讲义，表现了藤野先生自始至终认真负责的精神。2. 为"我"改正解剖图，体现了藤野先生对学生的严格要求和循循善诱。3. 关心解剖实习，可以看出，藤野先生一直关心"我"的学习。4. 向"我"了解中国女人裹脚，体现了他对骨学的兴趣和求实精神。

《教师教学用书》将本文的叙事线索分为明线和暗线。明线是"我"与藤野先生的交往，暗线是自己私下思想感情的变化，全文是围绕和藤野先生之间发生的事情组织材料的。作者在跟藤野先生的交往中，着重选写了他的四个典型事例。通过这四个典型事例的记叙，赞颂了藤野先生认真负责、从严治学、热情关怀、正直诚恳、毫无民族偏见的高尚品质。

《教师教学用书》还描述：作者抓住藤野先生的主要特征，选择富有意义的几个细节，栩栩如生地再现了人物的形象，写出了人物的思想品质。由此可以推断出，《教师教学用书》在解读本文时，已将藤野先生作为本文的主要人物来对待，主要记叙了藤野先生，其他的都是略写和铺垫，或者是隐含着叙述。

那么藤野先生是不是本文的主要人物呢？这个问题涉及如何

确定文本的主要人物。确定主要人物应该有两个条件：其一他应该是事件的发动者，其二他应该是主题意义的体现者。所以主要人物未必是题目里的人物，也未必是文本中身份高的大人物，他与着墨多少关系不大，与身份高低也无关，而与其作用有关。

带着这个问题，重新审视《藤野先生》一文，我们是不是可以有另外的思考呢？

关于《藤野先生》一文，我们要跳出这篇课文，把它放到鲁迅先生的《朝花夕拾》散文集中考虑。《藤野先生》是一篇回忆散文，选自鲁迅的散文集《朝花夕拾》。《朝花夕拾》是鲁迅所写的唯一一部回忆性散文集，原名《旧事重提》，主要写了鲁迅先生在晚年回忆童年时期、少年时期、青年时期的人和事。作者说，这些文章都是"从记忆中抄出来"的"回忆文"，鲁迅的回忆性散文，也就是鲁迅的往事，因此，分析《藤野先生》一文时，应该把它放到《朝花夕拾》整个文集中来考虑，不应把它看成单独的割裂的一个文本，要和整个文集联系起来。

《藤野先生》是一篇叙事性散文，根据散文的特点，我们知道：散文着重书写作者的生活感受，抒情性强，情感真挚。文字借助想象与联想，作者循序渐进、由此及彼、由实而虚地娓娓写来，可以托物言志、借景抒情，表达作者的生活实感，实现物我的统一，融入更深远的思想，使读者领会更深的道理。所以绝大部分的散文都是作者自己写的自己，写的是"我"，写"我"眼中的人与事。

回归散文集《朝花夕拾》，它是一部回忆性的散文集，所选的文章应该是包含了鲁迅先生的全部情感体验的。文集是以鲁迅先生的所见所闻、情感体验为线索，记述了鲁迅先生童年的生活和青年的求学经历，追忆那些难以忘怀的任何事，因此，文集的线索人物应该就一个，那就是鲁迅先生。放到这个大的范畴下再看《藤野先生》这篇散文，它写于1926年的厦门大学，主要记叙了1904年夏末至1906年初春，鲁迅先生在日本留学时的一段学习经历与思想感悟，重点回忆了与这段经历有重要关系的藤野先生。从散文集《朝花夕拾》整体来看，藤野先生只是他众多经历中的一个人物而已，是生命成长中必然结识、跳跃不过去的一个人物，而思想的主线仍然是鲁迅先生，表达的是鲁迅先生的生活经历和情感体验。

由此可断定，《朝花夕拾》中的一切都是围绕鲁迅先生发生的，鲁迅先生是成长中事件的发动者，也是主题意义的体现者，文具更大的篇幅写的是鲁迅先生，因此鲁迅先生应该是整个散文集的主要人物。再看《藤野先生》，它隶属于《朝花夕拾》，因此《藤野先生》一文的主要人物也应该是鲁迅先生，文章只是借助藤野先生写"我"的情感体验罢了。明确了文章的主要人物，文章的线索显而易见的就是一条：鲁迅先生的见闻、感受、情感变化。文章的一切都是围绕着这一线索来写的，文章自始至终就只有这一条线索。如果分明线暗线，写与藤野先生的交往是明线，主要通过四件事来写；写作者爱国感情为暗线，主要通过日本"爱国青年""匿名信事件"和"看电影事件"来写，那么这两条线索是自始至终贯穿全文的吗？从文章可知，显然不是，它们在文章中是不连贯的，只是片段式的、跳跃式的线索，不是并列着的，不是自始至终的。因此，文章的主要人物应是鲁迅先生，文章的线索自始至终应该只有一条，文章所有的一切都是围绕主要人物，用这一线索来贯穿始终的。

确定了本文主要人物是鲁迅先生，那么文章写事也就不是围绕藤野先生来写，文章应该是围绕鲁迅先生来写事。那么写了几件事呢？通过解读文本，我只为应该是八件事：1. 东京厌恶清国留学生，写鲁迅先生那种强烈的爱国主义精神。2. "我"被叫去研究室，藤野先生检查并修改"我"抄的讲义，写藤野先生认真负责的精神，写出"我"的不安和感激。3. "我"被藤野先生叫到研究室，他指"我"绘的解剖图中的错误，写藤野先生严格要求和"我"心里不服口头答应的心理。4. 藤野先生肯定"我"的解剖实习，写"我"被藤野先生关心。5. 藤野先生向"我"了解中国女人裹脚的事，写出"我"与藤野先生朋友般的关系。6. 匿名信事件，写"我"受到日本"爱国青年"的不公正对待。7. 看电影事件，写"我"产生"弃医从文"想法的缘由。8. 临别赠照片事件，写藤野先生对"我"的深情厚谊及"我"对藤野先生的怀念。总之，鲁迅先生通过描写早年在日本留学时期的生活，追述的是自己弃医从文的思想变化，洋溢着强烈的爱国情感，并表达了对藤野先生的怀念与感激。

这就是我从《藤野先生》这篇课文中解读出的一些思考，所有的思考，都不能离开《藤野先生》隶属于《朝花夕拾》这个大前提，其最终的结果是让《藤野先生》一文具有了多重解读的可能性。如果我们在教学中都加强独立思考的能力，对文本的解读从局部到整体，那也不枉读了一回大师的作品。其实，我们每个人都有一双敏锐的眼睛，只要勤于探索，一定会有许多新奇的发现。

（此文修改自《对〈藤野先生〉一文解读的思考》，发表于2016年第006期《课外语文》）

听课偶得

我作为教务人员深入课堂听课是经常的事，而欣赏一节优秀教师的课，我的内心除了赞叹之外，还想给教师以鼓励，让其更上一层楼。

我去年听了一位走上讲台不久的李老师的一节英语课。说实在话，我对英语几乎是一窍不通，却被这位年轻教师高超的教学艺术、出神入化的启发诱导、形象生动的范读讲解、愉悦而紧张的课堂氛围和学生积极主动的答问、讨论深深感染，陶醉其中。我忘记了自己的身份，忘了自己在干什么竟然与同学们一起跟着老师读起了课文，听课笔记也只写了时间，课题和教师姓名。下课铃响了，我才发现自己的失态。我站起来，脑海中竟涌现出许多想说的话，恨不得一吐为快。我疾步走到讲台前，借整理仪容，平静了一下心情，梳理了一下头绪，转过身来，环视了一周那一张张红扑扑的脸，口中冒出一句："大家觉得这节课上得怎么样？"

"好！"学生们异口同声。

"以前每节英语课是否都是这样好？"

"是！"

我扭过头来又问李老师："同学们表现如何？"李老师捋了一下额前的刘海，谦虚地说："还不错！"

"平时呢？"

"平时……孩子们也能积极配合。"

我不由得面对学生，对老师给予充分肯定。接着我又向学生询问："我有个意见，大家是否愿意听？"

"愿意！"学生们又一次异口同声。

"如果你们认为我说得对，你们能坚持做下去吗？"

"能。"

"好！"我说，"课堂上我只见老师问大家，还没发现同学们问老师，学贵有疑，大家如能问老师，特别是能提出有价值的问题，我想同学们的进步会更快。我说得对不对呢？"同学们沉

238

默了一会儿，互相看了看，肯定地回答："对！"

"真是吗？"

"真的！"

我扣住学生的话继续问："大家以后敢向老师质疑吗？"

"敢！"这次孩子们声音不洪亮却很坚定。

我发现他们的表情是真诚的，就进一步加强语气："希望大家说话算数！"

我在李老师的陪伴下，走出教室。李老师还要求我提出意见，我详细地与她交流了看法。最后，我请求她一定要鼓励学生提问，并暗示她多照顾比较沉默的学生。

这件事我渐渐淡忘了，谁知几个月后，李老师一见我，就马上跑过来兴奋地告诉我："学生们像你预料的那样，进步可快了。有时他们提的问题，把我也难住了。你真厉害，几句话就把学生们激活了。"我看见她神采飞扬的样子，愣了一会儿，才明白了怎么回事，也禁不住为她高兴。她要谢我，我倒真的发自内心地感谢她。她和她的学生让我发现了自己的责任，同时又学到了一种新的教学方法。

教务人员的责任之一，便是帮助教师更好地"铺路搭桥"，当好"铺路石"。这件事启迪我仅做铺路石远远不够，还应做一个能在学生广阔的脑海中"激起千层浪的石子"，发挥教师本身想办而办不到或难以办到的激励作用。尤其是听课时，学生对我们这些面孔感到陌生。课堂教学中，师生都在比平时更紧张的气氛中度过，我们在这特定的场合，特殊的气氛下，针对某些敏感的问题，稍加点拨、引导，就能起到画龙点睛、一巧破千斤的作用。

培养语文学习兴趣

兴趣是学习的动力，一个学生如果对学习失去了兴趣，那后果往往令人担忧。由于应试教育的影响，学生学习越来越死板，对学习毫无兴趣。好些老师也反映，学生"死"得很，你不讲他就不会，完全是被动学习。如此下去，本来是很有趣味的语文，学生却越来越厌烦了，这怎么能提高学生的能力和素质呢？我赞同"没有学不好的学生，只有教不好的老师"。因此，针对学生厌学，我们可做如下尝试，逐步培养学生对语文学习的兴趣。

我们首先要留给学生一个好印象。教师衣着应整齐，不着奇装异服；教态自然，上课有活力；言行一致，尊重学生，对学生公平；常热情地鼓励学生，少一些批评教育，绝不能讽刺挖苦学生，以免刺伤学生的自尊；不搞题海战术，不拖堂，不侵占学生的课余时间，最主要的是要尽可能地多读书，扩大知识面，不让学生认为你夸夸其谈，其实知之甚少。

第一，语文老师要留给学生一个好印象，以免学生形成"恨屋及乌"的心理，为逐步培养学生语文学习兴趣打下基础。

第二，我们还要备好课，选好正确的教学方法。教师讲课要想讲得好，让学生喜欢，首先，必须备好课，课文内容深入浅出，设计问题恰到好处，而且要能激发学生去思考、回答问题。其次，选择正确的教学方法。课备好了但由于教学方法不当，学生不愿听，老师板着脸去讲，结果只能是事倍功半。在这方面，我经历过这样一件事。有一次，我校举办春游活动，学生知道后很高兴，都积极准备。出发前，一个班级的语文教师站在讲台上严肃地对学生说："这次春游，要好好玩，特别要仔细观察，回来后要写一篇作文。"他的本意是好的，就是想借此机会让学生仔细观察，积累素材，回来后能写好作文。可是，他刚说完，学生就纷纷起哄，最后，这个班的学生一路上愁眉苦脸，因为他们平时最怕写作文，听说春游后要写作文，哪还有心思去观察。而另一个班呢，老师什么也没说，春游中还与学生一起活动，学生高兴极了。回来后，这位老师开导学生说："这次春游真是收获不浅，玩得也开心，想不想用文字把它记述下来？"结果，学生不到一节课就写出了作文，而且内容还相当充实，语言也生动活泼。这件事就说明了方法的重要性。

第三，我们上课，课堂语言应有激情、生动、风趣。如果我们上课时无精打采，阴沉着脸，我想学生就会感到紧张，在这样沉闷的气氛中学习，效果一定不佳，学生不会有兴趣。相反，如果老师满面春风，语言生动有趣，那么课堂气氛就一定会活跃起来。这样，学生在乐中学，效果会更好。如讲法布尔的《蝉》时，我问道："由蝉的生命你受到什么启发？"一个比较胆大的学生就站起来说了自己的感受，说得有些学生连连赞叹，课堂气氛异常活跃。课堂很快在这样的愉快气氛中结束了，学生还沉浸在快乐之中。

最后，我们还要借助教学用具、多媒体等进行教学。实践证明，教学时挂上几张图画、放段录音或放一些幻灯片等，不但能帮助学生理解课文，还能增强学生的学习兴趣。我在讲《猫》时，发现有的学生在偷偷地翻看书前面的彩色插图——猫，我灵机一动："第一只猫，花白的毛，很活泼、很可爱，到底是什么样呢？现在我们把书翻到前面的插图，来认识一下这只猫。"这时，学生立即都翻到了插图，我们一起欣赏，共同寻找这只猫的可爱之处，一段时间之后，我说："多可爱的猫。谁家有小猫可要给我留一只。"学生一听，大笑。笑后，我们继续学习课文，此时，学生很容易就理解了作者养猫的乐趣及失去猫后的伤心之情了。另外，用一些录音、幻灯材料，让学生听录音、看幻灯片对照朗读，学生对这些都表现出极大的兴趣。

由此我们可以得知：培养学生语文学习的兴趣，是提高学生素质的前提，有了兴趣就有了动力，学生就能主动地去学习、去阅读、去写作，让我们从现在开始行动吧。

育人教育

语文教育是人的教育，因此，必须从人的素质发展规律看待中学语文教学，探索改革之路，才能实现人文精神的完整构建与人性的和谐、圆满。那么，在语文教学中渗透思想品德教育和审美教育是势在必行的，这也是教师义不容辞的职责。下面我来叙述一下自己在教学中是如何渗透德和美的。

首先，我结合课文内容进行思想品德教育，教会学生做人。"道非文不著，文非道不生"，每一篇文章都是为了表达作者一定的思想内涵。如果孤立地分析语文形式，不去探讨文章的主旨，就割裂了形式与内容辩证统一的关系，是不科学的。正确的做法是在分析文章内容的基础上，挖掘文章的主题，不仅使学生得到基础知识的训练，也使他们的思想得到升华，素质得到提高，心灵得到净化，情操得到陶冶。《孙权劝学》《假如给我三天光明》《观书有感》等课文让学生知道学习的重要性；《藤野先生》《背影》等课文让学生珍惜自己身边的幸福，热爱生活；《梅岭三章》等课文让他们了解革命前辈创业的艰辛和自我牺牲精神，从而更加珍爱今天的幸福生活，等等。这样的例子举不胜举，每一篇都使学生真正有所收获，有所启发，再指导自己的学习、生活。

其次，我还要教学生学会积累。语文积累不仅是一种知识的积累，而且是一种具有浓郁的主体能动色彩的经验与情感，智力的积淀。写议论文要有大量的论据，这些论据从何而来？除了靠平时细心地观察生活外，还应有相当数量的名人名言、名人轶事，这些权威言论和最后被证明其正确的事迹无疑更有说服力。那么，我就让学生们摘抄名人名言和名人轶事，这样既使学生作文时有材料可用，又在无形中扩大了他们的阅读面和知识面，养成阅读的良好习惯。同时，那些名人名言和名人轶事也是他们无声的老师。在摘抄名人名言、名人轶事的基础上，我又让他们注意摘抄一些优美词句、段落，甚至整篇文章，并熟读成诵。实际上培养了他们的文学爱好，并提高了他们的文学欣赏能力，加深了文学修养。

另外，我在课下还教学生唱歌，课上再加以利用。一般来说，一首好歌就是一首好诗。如果能多唱好歌，这将会增强学生的诗歌欣赏能力。于是，我在课余尽量教他们唱一些立意深刻且文质优美的流行歌，如《伙伴》《相约九八》《七子之歌》等。教歌曲在课堂上还有用途呢！如在讲比兴手法时，只讲课本上的例子还远远不够，我就结合歌曲，用学生非常熟悉的歌曲来讲。如《小红花》中的"小红花爱太阳，小朋友们热爱中国共产党"等歌词都用了比兴手法。这样就能加深学生对比兴手法的理解。《我好喜欢青蛙咕咕地叫》这首歌，曲调欢快，描绘了春天到来时人们喜悦地参加劳动的热闹场面，我就让学生反复唱，再加以想象，扩写成一篇作文，使他们不至于没什么写。学生们在枯燥的学习中找到了无限的乐趣，学习的积极性也就提高了。

最后，我在教学中尝试给课文配图画，帮助理解学生课文。初中生的理性认知能力还比较差，必须从生动形象的实体中慢慢启发引导他们，给课文配图画就是既简便又理想的方法。有时我给他们画在黑板上，在上课时配合使用。如《白杨礼赞》中的白杨形象，通过我画在黑板上的白杨高大、挺拔的形象来帮助学生理解它的内在精神。有时我干脆让学生们自己动脑筋，自己画，这样对他们的帮助会更大。《过故人庄》《钱塘湖春行》中都有优美的景色描写，我让他们试着画出来，不仅加深了他们对诗篇的理解，也提高了他们的审美情趣。

总之，语文教学中的德育、美育是广泛存在的。德育应该具有审美意味，美育应该有丰富的道德内涵，德育和美育涌透于语文教学的各个阶段。语文教学应发挥文学作品的吸引力和感染力，熏陶感染、潜移默化，使人自然而然地接受思想启迪。

当然，这只是我在语文教学摸索中的一点儿拙见，要做的还有许多。"路漫漫其修远兮，吾将上下而求索。"素质教育是一个艰难的工程，这需要我们教师把全身心投入素质教育，通过几年、十几年、几十年不懈努力，再迎来一个春天。

调动积极性

在年复一年的听课活动中，听课教师不难发现这样的现象：任课老师在讲台上滔滔不绝地讲，在黑板上密密麻麻地写，可台下听课的学生或看窗外景物，或做其他科作业，或交头接耳。学生的精力根本没有集中起来，是分离散乱的。这种现象，从表面看，因为这堂课的内容老师是讲过的，学生是听过的。但如果我们往深处一思考，就不难觉察出，该任课老师所上的这节课，教学效果是不会达到最佳的，因为他根本没有将学生学习的积极性调动起来。这种现象，如不加以改变，让其蔓延发展下去，轻则会养成学生自由散漫的坏习惯，重则会贻害了他们。现在就我从教十几年的体会，说一说自己的点滴做法，以达抛砖引玉之目的。

做法一：我们要善编善讲，这样才能调动学生的学习积极性。所谓善编善讲，即善于编制生动形象的教案和善于讲授活泼有趣的内容。每堂课，都有相对固定的教学内容、目的和重难点，但是，传授教学内容、达到教学目的、抓住教学重点、突破教学难点的方式方法却是多种多样的。任课老师只有抓住教学方式方法的多样性这一特点，在这上面多费脑子，多下功夫，将相对固定的教学内容编制成生动形象的教案，然后再将编制好的内容风趣地传授给学生，那学生的学习积极性就一定会被调动起来。如我在讲授《藤野先生》一文之前，就根据这篇课文的实际情况，编制了两节课的教案。第一节主要分析课文的层次及内容，第二节归纳课文的中心和写作特点。在第一节课的编制内容里，我把这篇课文的内容安排成"在东京的见感""在仙台的识别"和"离开仙台后的想法与行动"这样三部分。当学生一看到这几个极具趣味性的标题时，便被吸引住了。在这个基础上，我再抓住"'我'为什么要离开东京""'我'在仙台的际遇如何"和"离仙台后的想法及行动怎样"几个关键性的话题进行剖析，就使学生在浓浓的兴趣中明白了藤野先生的精神品质和"我"的爱国思想，受到了熏陶和感染。

做法二：我们要善激善启，以此调动学生学习积极性。所谓"善激"即善于激发学生求知的欲望，培养学生对学习的兴趣；

"善启"即善于启发学生积极地思考。我国古代教育家孔子，很早就从自己的教学实践中总结出了"不愤不启，不悱不发"的论断，他要求教师首先激起学生对知识有"求"和有"欲"的状态，加以启发和引导，使他们达到好的学习效果。科学家爱因斯坦也说过，热爱是最好的老师。要使学生在任课老师的激发和启示之下对所学内容产生热爱的情趣，老师就必须在传授知识的过程中，提出一定量的学生感兴趣的问题供学生思考，让他们在思考和处理问题的过程中自觉地生发热爱的情感。

由上可知，根据课文分析，适时提出让学生感兴趣的问题，是激发学生求知欲，引起学生积极思考的有力手段。

做法三：我们要善处善交，以此来调动学生学习积极性。所谓善处善交，就是我们自己在频繁的教学活动中，应与学生友善、和睦地相处，同他们建立一种自然、亲切的朋友式师生交往关系。在我国古代的私塾教育中，如学生有学得不好或不守纪律的现象，先生用打屁股或打手掌心等方式进行训诫。这种武断粗暴的教育形式，只会让学生形成一种担惊受怕、惶惶不可终日的恐慌心理。这种心理一旦形成，学生就会对老师采取避而远之、闻而不问的态度。这样，学生的学习积极性便会受到抑制，甚而扼杀。在这种情形下，学生学习的效果又如何会好呢？

作为新时代的老师，我们更应该严格要求自己，提升自己。我们所具有的教学思想已比古代的私塾先生开明、先进得多，但是，有不少老师，平时不苟言笑，课堂上一直板着一副硬邦邦、冰冷冷的面孔，不去关心学生、亲近学生。这种教师，虽然没有直接打骂学生，可他们那副"横眉冷对千夫指"的面孔，只能给学生形成一种盛气凌人式的威压，长期处在这种威压下的学生，又怎会有学习的积极性呢。因此，笔者认为，只有在师生间建立一种自然、亲切的朋友式的师生关系，创造一种轻松、愉快的学习气氛，学生才会在教师如兄姐般的关心、帮助和爱护下积极主动地学习，活泼健康地成长。

做法四：我们应该善始善终，以此调动学生学习积极性。每一件事情的完成、每一种活动的开展，总是千千有个头，万万有个尾。

提高学生学习积极性这种问题，不是一天两天，三天五天就可以解决的。作为新时代的教师，我们应该要具备持之以恒、锲而不舍的精神，从眼前极为平常的一节节课做起，从多方面、多角度想方设法地寻找调动学生学习积极性的途径，使学生的学习效果在他们积极的思考和实践过程中达到最佳。

教后记

教学一定要写教后记，这样教师的教学水平才能得到提升，但教后记不是要每节必写，流于形式，也并不一定要求长篇大论。教后记，我认为可分为以下几种类型：

类型一：教后记可以是教学随笔，总结得失。我们可以自评一节课，三言两语，击中要点。点滴感受、新奇想法或者是一节课的优点和不足，甚至可以分析学生的配合情况及原因。选取课程中有意义、有价值的东西加以整理，形成文字，真正起到总结的作用，不要搞形式主义。

类型二：教后记可以针对某人某事，有感而发。课堂上的突发事件或某个学生的异常表现都会触动我们，使我们有所感悟。处理偶发事件，要求我们自己具有高超的教学艺术和敏捷的应变能力。处理得好，会使一节课锦上添花，否则会破坏课堂气氛。课后理智地加以回顾，对于教师了解学生，更好地适应学生，提高应变能力大有用处。

敏锐地观察学生的变化，对教师及时准确地做好教育工作尤为重要。这一类记录可以适当发挥，写出感受，为今后的教学研究提供生动的资料。这要求我们有一双敏锐的眼睛和一颗善于思考的头脑，做个"有心人"。

类型三：教后记可以尝试新的教法学法，取其精华。教学大纲要求教师改进教学方法，反对注入式教学，要重视学生思维能力的发展。我们在采用新的教法学法时，要注意循序渐进，及时发现成功经验和不足之处，便于适当调整教学方法，充分调动学生的积极性，培养学生能力。吸取几种教法的长处，指导学法，加强双边活动，都要从实践中得出成果。从这方面讲，教后记也是一片促进教改的园地，不容忽视。

类型四：教后记可以捕捉课堂花絮，对学生进行思想教育。很多教师能够结合教学内容对学生进行思想教育。善于观察的教师，总是能够从课堂上找出生动教材，对学生进行潜移默化的教育，促进学生的全面发展，提高其思想素质。

教学艺术不是一朝一夕就能够形成的，尽快地提高自身素质，积累丰富教学经验，提高课堂效率，这是素质教育对每一位教师的要求。教师要善于从平常小事中发现问题，"处处留心皆学问"，从点滴小事中发掘闪光点，及时有效地改进教法，努力提高自己的教学水平。坚持写教后记，不失为一种行之有效的做法。

经常注意完善自我，写好教后记，为教育事业做出自己的贡献，让我们共同努力吧！

略论部编版教材下的阅读教学

初中义务教育课文教材经过了改版，统一采用了部编版教材，现有的版本与以前相比做了一个修订，可以说是为初中的学习源头注入了活水，在这种情况下教师如何进行语文教学呢？大家都知道，语文教学特别注重阅读教学能力，那么如何在部编版教材的大背景下进行阅读教学呢？

一、关注部编版教材的教学特点

各学校关于部编版教材的教师培训进行得很广泛，但是究竟怎样抓住部编版教材本身的特点呢？我们要从最简单的角度入手，我认为部编版教材在教学上，呈现出以下几个特点：

第一个特点：三位一体。即，自读课、教读课、课外阅读，三种课型三位一体。这三种课型是要在教学中明晰地显现出来的，特别是自读课文，一定要让学生用大量的时间，学语言、练能力。教材将精读改为教读，将略读改为自读。部编版教材格外注重往课外阅读延伸，并且每一篇教读课文的最后一个环节都要求课外阅读。

第二个特点：实践活动。教师必须在课堂上为学生安排大量的实践活动，在实践活动中让学生习得语言，提升读写能力。教材安排实践活动的显著标志是从八年级上册开始，每册教材中都安排了一个活动探究的单元，八年级第一学期活动探究单元就在第一单元——新闻单元，学生不仅要读新闻进行采访活动，还要学着写新闻。

第三个特点：文学教育。部编版教材要非常关注"文学"两个字，部编版教材有浓郁的文学教育的氛围，整个教材编写体系的语言都发生了深刻的变化，特别有对文学知识的教育提出了具体要求。

文学教育鲜明地表现在知识点的落实上。教材的编者说，教材编写时梳理出了学生必须学习、要掌握的上百个知识点和能力训练的环节，按照梯度把它们镶嵌在各个年级各个单元的教学中，方便一线教师把语文核心素养的一些东西，想办法落到实处。这就要求我们落实知识教育，特别是文学知识教育，比如七年级上册《散文诗两首》的"阅读提示"：散文诗有诗的想象和情绪，像诗一样精粹、凝练，但不像诗歌那样分行和押韵，而是以散文的形式出现。这两首散文诗通过描写金色花、荷叶、红莲等物象寄托情感，篇幅短小、情感细腻、语言清新。不同的是，《金色花》写想象之事，以儿童的视角来表现对母亲的依恋；《荷叶母亲》则写现实与联想，以荷叶比喻母亲，歌颂伟大的母爱。这些提示全是文学方面的，都是运用文学的语言表述文中提到的文学的技法。

我们再看七年级下册教材中的"术语"。在导语、预习要求、练习中，都渗透出文学术语，这是要求我们老师将文学术语应用到课堂中，例如：动作描写、情节描写、托物言志、直接抒情、间接抒情、铺陈排比、借景抒情、写景状物、烘托、制造悬念、文章起笔、科幻小说、传记文学、志怪传奇、第一人称口吻、画面感、韵律美、埋下伏笔、误会、一波三折、象征、暗写等。七年级下就出现了那么多的文学的术语，我们一定要关注到，把他们渗透到教学之中。

第四个特点：综合利用。这套教材告诉我们，在教学设计上要综合利用课文中的各种资源。教材每个单元的导语部分就是一种资源，比如，教读课型文本前的预习，文本后的思考探究、积累拓展，以及自读课文文本后的阅读提示等，它们往往含有教学设计的基本要求，如果我们忽略它们也许就回到了陈旧的习惯中。

如《驿路梨花》思考探究一：下面的人物分别与小茅屋有过什么故事，谁是小茅屋的主人呢？这就是活动一，它解决的是文义把握的问题；思考探究二：本文构思巧妙，层层设置悬念和误会，使故事情节一波三折，结合课文内容分析这种写法，说说其表达效果。这是第二个活动，欣赏小说的文学之美；思考探究三：阐释各处"梨花"的含义，并说说这几次出现对全篇文章结构的作用。再想一想用"驿路梨花"做标题有什么妙处？这是第三个活动，这是解决文章主旨和表达最精彩手法的问题。所以这篇课文我们可以抓住这三个综合实践活动设计一节课，这比其它想了很多办法来设计的课更有质量。

所以综合利用是非常有价值的，它让我们更多地关注课中训练资源，来设计更高层次的课堂教学。

第五个特点：语言质量。部编版教材特别强调要提高教师的语言质量，这种语言质量指的是课堂教学的语言质量。

教材要求我们提高语言的质量，如七年级下册教材中的"评价语"，那么什么是"评价语"呢？就是对语文现象进行评价的词语，例如：幽默诙谐、绘声绘色、铿锵有力、慷慨悲壮、悄怆幽邃、构思巧妙、直抒胸臆、抑扬顿挫、精致凝练、富有诗意、意境悲凉、别具一格、弦外之音、意趣横生、诗中有画等都是评价语。这是教材中的内容，不是我们加上去的，她我们忽略它，我们自己的语言质量就难以提升，学生就受不到感染。

再看七年级下册教材中的"指导语"，就是要求教师在授课时使用以下词语：浏览、略读、追读、速读、简要概括、涵泳品析、选取关键词句、品味语句含义、体味表达效果、感受语言的表现力、分析评价性词语、体会作品的意境、触摸作者情怀、挖掘文章意蕴、梳理文脉思路、感受语言风格、体会词句蕴含的情感，解释其衍生的意义等。所以使用部编版教材，研究教材，能促进我们自身的专业水平和教学素养的提升。

二、学生课堂实践活动设计

有了对部编版教材的研究，在教学实践中教师就要加强教学设计。我认为，关于教学实践活动设计有五个重点。

第一点：教学设计十分讲究"课文研读"。教学设计非常讲究课文研读，教师要有非常优秀的教材研读能力，才能够提炼课文中的教学资源，才能有效准确地指导学生。

第二点：教学设计非常重视"教学思路"。教师在教学设计中要十分重视教学思路，教学思路应该清晰明了。教学思路讲究落实，其中训练环节很重要，教学要层层推进。

第三点：教学设计关键在于"课堂活动"。教学设计的关键在于设计学生的活动，例如，教师可以将一节课分为三个板块：教你学阅读之一；教你学阅读之二；教你学阅读之三。教学设计的落脚点在于学生的课堂活动，教师要设计、构思学生的课堂活动，让学生当堂有收获。

第四点：教学设计时时融入"能力训练"。教学设计的基本要求包括时时关注能力训练，这就是标高，教师要用课文来训练学生，而不是就课文教课文。

第五点：教学设计精心考虑"知识积累"。每堂课都让学生获得丰富的知识积累，从而在日积月累中使学生具备高语文素养。

三、提高课堂实践活动质量

论述如何提高课堂实践活动质量，不能不说语文阅读课堂教学。语文阅读课堂教学有五个永恒的关注点：语言学用、技能训练、知识渗透、集体训练、气质养成，这是语文教师最需要牢牢地把握的永恒的教学点。任何教学都得关注语言的运用学生的技能训练、对学生的知识教育。语文老师的教学素养也这三个方面的内容，只有高水平地完成这三个方面的内容，语言能力、读写能力、知识储备能力才能够在课堂上呈现。再有就是集体训练，少让我们的课堂教学浪费学生大量时间，最好的方法就是，在重要的环节中人人都读、人人都写、人人都背、人人都学，于是每个学生在这个课上都有大致相近的收获。教师要善于将时间交给学生，由他们来把握自己的时间，不要轻易浪费学生的课堂时间。最后，我们的教学要关注学生气质的养成，包括老师课堂教学用语，老师和学生的交流，以及课堂教学的管理等。

保证课堂实践活动的质量需要做到以下两点，一是教师高质量完成教材研读和和教学资源的有效提取。有了丰富的教学资源，课堂教学活动的质量就能得到保证；第二就是教师具备实践活动的理论与集体训练的意识。集体训练反面是"碎问碎答式"的活动，即老师在课堂上和班里每位学生进行临时对话，这基本上没有训练作用的。我们要把握让教学更加高效的细节，那就是：坚持利用课文，克制碎问碎答，关注时间效益，丰富活动形式，强调课中积累。

我们研究提问的最高境界就是研究怎样不提问不提问，学生才能够得到真正的训练。我们一定要关注每一节课的时间效益，增加课堂的容量和厚度，不能一节课从头问到尾的。要丰富学生的活动形式，分板块设计学生的活动，并且关注形势的变化。教师要对学生进行不同角度的训练，且所有的活动都要落实到一个点上，就是强调课中积累。课中积累是最重要的，学生素养都是在课中形成的。

提高课堂教学效率的最简单的做法就是八个字：板块思路，主问设计。板块思路就是，每节课都有几次训练的任务；主问设计就是每一个训练都有一个落脚点点：把任务交给学生，这是最简单最有效率的做法。例如《蚊子和狮子》，这篇小文章，它简单到我们初中有的老师没有办法去教学，三年级学生都读得懂，如果你用提问的方法来教学，那就太浪费学生的时间了。设计两次活动：（1）练朗读。读清故事层次、读清人物的语气、读清故事的表现情绪，反复练习提升学生朗读的能力，利用课文训练学生。（2）练品析。品析情节、品析语言、品析寓意，进行三品。一到这个层面上就难了，寓意的情节分析，很多老师没有参考书，就难以着手。所以教师要利用课文来训练学生，而不是带着学生始终徘徊在理解课文基本内容上，哪个学生读不懂《蚊子和狮子》的文义？

下面，我举两个例子来说明如何利用课文落实学生的实践活动，提高课堂实践活动质量。它关系到教师的能力、教师的教学意识和教师读教材的水平。

例一：以少胜多。部编版教材所选的每一篇课文都是具有代表性的文章，可以说是语言的摇篮，也是技能训练的摇篮。我们要利用它来训练学生，如，选取《大自然的语言》这篇文章的第一段进行训练。原文：立春过后，大地渐渐从沉睡中苏醒过来，冰雪融化……这个段落，通过训练学生将大有收获。第一练，认读识记关键词。我提炼了一下文中的词语，尽是美妙高雅的书面语：孕育、萌发、次第、翩然、风雪载途、销声匿迹、衰草连天、周而复始。第二练，分析层次，这既是概括能力的训练，又是具体而微的分析文章层次的训练。此段可分为两个层次：第一层，物候现象；第二层物候的规律，在现象的基础上提炼出规律。浅层次的说法就是分总式，我们跟学生在交流的时候这两种说法都可以，但一定要注意重点是：物候现象的规律。第三练，四字短语赏析，分析四字短语为什么用得好，例如，"翩然归来"用得好，它描绘了燕子的轻捷、洒脱等。老师举例词语，学生进行实践锻炼，每一名同学都要分析一个短语。第四练，说明这段文字在全文中的作用。这个练习的难度很大，是中考、高考的难度，是绝对的能力训练。第五练，背诵积累。很简单，背下来即可。我们想想这一课四十分钟，各个角度的训练都进行了，这就是老师的训练意识，这就是利用教材的意识所形成的教学效果。

例二：浅中见深。教师要先设计分析文章的浅显训练，再纵深设计训练，这这设计能体现出训练的力度和难度，如《赫尔墨斯和雕像者》，同样是七年级上期的文章，任何学生一读就能懂的课文，也特别有训练性。第一练：概写，说说这是一个什么样的故事。一个概写活动训练就比所有的学生都动笔了，所有的学生都进行了概括能力的训练。学生先用语言文字表达出这是一个什么样的故事，交流之后，老师再渗透文学知识，让学生有收获。第二练：朗读，读出书中文字的情味，还要体味故事的层次美，朗读也有分析能力的训练和赏析能力训练的作用。朗读训练成果分两层，第一层次，人物出场，场景设置，或者故事的开端；第二层次，故事的发展、高潮和结局，一波三折的故事情节就在这个场景中展开。在这个前提下，还要加大难度，进行第三练：赏析课文语言，赏析文中三问三答的作用。这就是难点，为什么要写三问三答呢？他的作用是什么呢？效果是什么呢？这叫浅中见深。再如，赏析赫尔墨斯的笑。赫尔墨斯听说宙斯的雕像一个一元，他就笑着问，赫拉的雕像值多少钱？他笑的潜台词太丰富了，很难体味出来。赏析课文语言，老师要给学生解答这三问三答的作用，它的作用是推进故事情节、呈现故事的细节、刻画人物的性格、形成奇妙的波澜，这样一分析学生就明白了。通过训练，学生知道了对话描写的作用，学生再看其他作品的对话描写也就能够大致分析出一二。

以上就是在部编版教材的大背景下进行阅读教学的一点儿分析，所以研究部编版教材，使用教材，对提高课堂设计、提高课堂实践活动质量、提高我们的专业水平和教学素养都有极大的好处。

后记

循梦出发

从小我就有一个教育梦，梦想做一名人民教师。

上小学的时候，我的大姑、三姑都是人民教师。教我的是本村一位同族的爷爷，他非常喜欢我们这些顽皮的孩童，没有什么老师架子。我们也喜欢整天围着他转。这位爷爷教学很有办法，他利用自己的木匠手艺，制作了一枚木制的红旗图案的小奖章，旗面上刻着一个微凹的"优"字。每当我们的作业书写认真、没有差错时，他就会蘸着红印泥，在作业本上印上一面小红旗，以示奖赏。作业得到一面小红旗，是我们心里最高兴、最自豪的事情，私下里，同学之间经常比谁得到的小红旗最多，以示"炫耀"。我认真对待每一次作业，不敢有丝毫马虎。我们这些孩子在这位爷爷的引导下，如饥似渴地吮吸着知识的甘霖，有时候，为了弄明白一个学习问题，就追到他家中请教。那个时期，我尝到了学习的乐趣，心中充满对老师的信赖与尊敬，从此在心中种下了梦想的种子。

对我影响最大的老师，是初中时期教我的曹培庆老师。我初三复读来到曹老师班级中，当时，曹老师30多岁，是学校的副校长，同时兼任我们班的语文老师。他对教材烂熟于心，教学举重若轻，思维严谨，思路清晰，对文章的剖析精准、深刻，尤其我们上作文课就是一种享受，曹老师总是分享他的得意之作。在曹老师的引领下，我心中梦想的种子发芽，破土而出。

中考时，曹老师陪着我们几位学生一起住宿，不让我们有半点儿分心。考试成绩揭晓的那一天，曹老师冒着夏天的炎炎烈日，骑自行车去县城查看我们的成绩。他一口气来回四五十里路，顾不上休息，第一时间把成绩过线的好消息告诉我们。看着他满脸的汗水，我心里除了感动，就是感激。曹老师对学生那种朴实的关爱，深深地镌刻在我记忆的深处。他是我的恩师，是我终身学习的榜样。

在这些老师的影响下，我对教师这个职业有了特殊的感情，梦想越发地坚定。

进入高中，又遇到诸多良师。高考后填报考志愿，我毫不犹豫地把三个志愿档都写上了聊城师范学院，渴望实现当一名教师的梦想。

在教师岗位，引领我懂得享受教育职业的，是茌山学校的尉士君校长和李汝喜姐。是他们的鼓励与激励，使我坚定地认为教育大有可为。

汝喜姐在教学方面大胆改革与实践，收获颇丰，已有几本教育教学专著出版。她坚守在教育一线，带动了大批身边教师，痴心不改地走上教育研究的道路。在汝喜姐的影响与鼓励下，我也醉心于教育事业，潜心探索，享受着教育带来的快乐。

从1999年7月走上教师岗位，循梦一路走来，我努力像恩师一样，热爱教育事业，热爱学生，做学生的良师益友。二十多年默默耕耘，如今已是桃李芬芳。虽然累，但是感到很充实、很满足。

现在我把从教以来的班级管理、教育教学的点点滴滴进行整理，汇编成《静待花开》一书，一是对自己以往教育历程的一个总结，二是向所有教过我的老师和所有帮助过我的人进行汇报。

我要真诚地感谢聊城市茌平区茌山学校这一方沃土的培育，

感谢学校领导的关心，感谢同事的支持，感谢学生助我成长，一路走来，还要感谢亲朋好友的帮助和鼓励。

由于本人写作水平有限，书中难免有疏漏，敬请大家批评指正。

吴正涛

2022年3月